教育发现

ZUO ZHIHUI BANZHUREN

做智慧班主任

段惠民 著

山东文艺出版社

图书在版编目（CIP）数据

做智慧班主任/段惠民著.—济南:山东文艺出版社,
2016.4
 ISBN 978 - 7 - 5329 - 5212 - 0

Ⅰ.①做… Ⅱ.①段… Ⅲ.①中小学—班主任工作
Ⅳ.①G635.16

中国版本图书馆 CIP 数据核字(2016)第 040726 号

做智慧班主任

段惠民　著

主管单位	山东出版传媒股份有限公司
出版发行	山东文艺出版社
社　　址	山东省济南市英雄山路 189 号
邮　　编	250002
网　　址	www.sdwypress.com
读者服务	0531 - 82098776(总编室)
	0531 - 82098775(市场营销部)
电子邮箱	sdwy@ sdpress.com.cn
印　　刷	山东新华印务有限公司
开　　本	710 毫米×1000 毫米　1/16
印　　张	13　插页/4
字　　数	160 千
版　　次	2016 年 4 月第 1 版
	2019 年 8 月第 2 版
	2020 年 4 月第 3 版
印　　次	2023 年 2 月第 5 次印刷
书　　号	ISBN 978 - 7 - 5329 - 5212 - 0
定　　价	39.00 元

版权专有,侵权必究。如有图书质量问题,请与出版社联系调换。

你从乡村走来　登上全国讲台　汲取世界经验　植根班级育才

魏书生
二〇〇九年九月二日

与魏书生老师合影

中国教育需要这样的惠民乡村教师

张国宏 二〇一九七一

与《德育报》社社长兼总编辑张国宏合影

与山东教育社总编辑、编审,《中国教育报》记者陶继新合影

中国下一代教育基金会红烛基金秘书长李娟颁发公益活动证书

与中央电视台《百家讲坛》主讲人王士祥教授合影

与美国"全美最佳教师"雷夫·艾斯奎斯在广州

荣获"全国十佳好老师"
与教育部原副部长张天保（中）及全国十佳好老师薛跃娥（左）合影

总理一切家务的敝家总理 2020 年春兰考踏青

序一：手里只有一把锤子的人

李迪

一名本科或者研究生学历的教师，想成长为同仁们口耳相传的全国著名班主任、国内著名教师培训专家，难！一个专科学历的教师，更难！一个专科学历物理专业的教师，尤其难！一个专科学历物理专业的草根教师，难上加难！一个专科学历物理专业的草根农村教师，更是"难于上青天"！然而，河南省濮阳市油田第十五中学的段惠民老师，踏上讲台仅十多年，就创造了自己事业的辉煌、人生的奇迹！秘密何在？

近日，段老师将他的新作《做智慧班主任》书稿发给了我，请我作序。我迫不及待地打开文档，不知不觉中一次次被感动、被滋润、被净化、被温暖、被唤醒……我想起了马斯洛的一句话："如果你唯一的工具是一把锤子，你往往会把一切的事物看成钉子。"这句话原本是指一个人只有一个工具，无论干什么都在用这个工具。但是，现在我们也可以从另一个层面来理解，比如：若是一个人可以用目光去暖热一块石头，那么，即使再艰难的事情也会成功；或者，若是一位教师心里所装的只有学生，那么，他所见之物无一不可以成为教育资源，不论多么冷漠的心灵也会被融化。

段老师就是这样一个"手里只有一把锤子，所见都是钉子"的人——心里只有学生的"教育痴人"。他似乎是为教育而生的。

因为对教育的痴,出身于农村贫寒家庭的段老师,在当年刚刚建立家庭,生活极其艰难,连给孩子买支玩具枪、一双鞋都舍不得,甚至家人互相理发、省吃俭用才能勉强温饱的情况下,却毫不吝啬拿出家庭微薄收入的差不多一半购买书籍、邮寄资料、订阅报刊、自费外出学习等等。热爱学生、进德修业的他,感悟出了"教育的终极目的是学生心灵的自然健康成长,最佳途径是榜样示范、潜移默化下的自然觉醒和思想行为的自然修正。当学生自我教育的时候,我们对学生的教育才发挥了作用,我们对学生的教育,才是真正的教育",并因此严格要求自己,把工作中的每一件小事做深、做透、做精,使自己在尽量多的领域或方面成为学生的榜样,尤其是德行。他还感悟出了"生活即教育,教育也是生活;教就是教做人,育就是育心灵"等核心教育理念,提炼出了"教育从心开始""榜样是最自然的教育,效仿是最自然有效的学习"等教育方法,以及"创设情境、获得体验、生发感悟、革新灵魂"十六字学生思想工作方式和途径……

我们今天的教育呼唤个性,个性的教育呼唤个性化的教师,唯有独具个性的教师才能真正促进学生优良个性的发展,可现实的教育体制,却往往使个性化的教师举步维艰,英雄乏用武之地。因为对教育的痴,段惠民智慧地将个性化的基石建立在对体制的适应和超越之中。物理专业出身的他,有着自创诗作"迎着风浪走,浪过即平川。无往而不乐,人生任自然"迸溢出的豁达和气魄,怀揣"草木心思报泥土,一苞一蕊出情怀"的素志,扎根家乡的土地,为家乡的孩子们的成长贡献自己的聪明和智慧。面对周边环境的掣肘、压制,他凭借"愤怒出诗词,命舛就成长。人生多逆境,事业好辉煌"的超强抗挫心态,以"心轻万事如鸿毛,无求无欲乐逍遥"的洒脱,"虽然名落孙山后,献身教育志不改"的毅力，按照球王贝利"报复对手的最好的方法,是往球门里再踢进一个球"的"教导","被埋黑臭污泥中，暗滋潜长无怨情",加倍努力地工作,与孩子们一起成长。

因为对教育的痴,常言"为师无胸怀,很难走出来",常吼"如果我们每一位教师都能无私地将自己的好的经验和做法贡献出来,大家互相启发、共同进步,都能把教育做好、做到极致时,我们的教育不就强大了？我们的国家不就强大了？"的段老师,在《做智慧班主任》这本书中,毫无保留地坦陈自己工作的方法和智慧,既向曾经听他报告的老师和本书的读者汇报自己精彩的做法,更竹筒倒豆子般剖析自己如此做的缘由。在《生活即教育,教育也是生活》等篇章,段老师与同仁们探讨、阐释"天地大课堂,生活真教育。教师要善于用教育的眼光观察生活,从生活中发现、感悟教育的智慧";在《读书让我捞得"第一桶金"》等章节,他实事求是地与同仁们交心、向老师们现身说法：一步一个小台阶,一天一点小进步,事业的雪球就会越滚越大,教师专业成长并不是太难的事；在《"托"只领头羊,带好一群羊》等章节,他简明扼要地、不厌其烦地向同仁们披露、建议,自己是如何学习理论、应用理论的,使大家真切感受到教育并不复杂,只要我们善于古为今用、洋为中用、学以致用、活学活用,就能举一反三,闻一知十,由此及彼,触类旁通。当然也正因为段老师如此坦诚和率真,他才备受全国各地同仁们的喜欢、点赞和爱戴！

我掩卷深思：段老师和他的故事之所以备受读者喜欢,最根本的原因究竟何在？

我想,最根本的原因可能在于：段老师和我们一样,也是草根教师。段老师的喜怒哀乐我们都有,我们教育教学中的挫折、磨难,段老师也曾经或正在承受。阅读段老师的书稿,我倍觉这不是在学习，而是在和他进行心灵的款谈——我常常能从字里行间感受到被理解的愉悦。不同的是，段老师将教育生活中的酸甜苦辣咸、喜怒哀乐惧，都化作了自己前进的动力。

"如果你唯一的工具是一把锤子，那么，你往往会把一切事物都看成钉子。"现在，我们再次将这句话反其意而用之，就可以得出这样一个道理：如果你能把一棵树望绿，那么，即使再平淡无奇的事物也会被你挖掘出新意。鉴于此，身为一线教师渴望成长的读者朋友，在阅读段老师的《做智慧班主任》的时候，也可以重新审视自己，在寂寞的时候想着快乐，在消沉的时候想到崛起，在失意的时候想到勇气，在寒冷的冬季想到早春的翠碧……果如此，相信您一定能体验到现场目睹、亲耳聆听段老师激情演讲的感觉，享受如坐春风、品味醇茗的惬意，并会备受鼓舞、启迪，更会大有感悟、收益！

2015 年 1 月于郑州科技工业学校

（作者系全国著名班主任、著名女生问题专家）

序二：坚守乡村的师者

陶继新

坦率地说，我并没有见过段惠民老师，而我写序，一般是要见其人而后才能动笔的。之所以写这篇序，一是为其真诚相请感动了，二是为书中的内容感动了。

段惠民老师是从农村走出来的。我发现，一些原本农村土生土长的人，到了城里，特别是有了一点名气之后，就瞧不起农民了，不知道天高地厚了，甚至连自己是人也不知道了。所以，我又特别看不起这些异类。不过，有些从农村走出来的人，依然保留了农民的质朴，而又吸纳了当代新的思想，且兼具"有大者不可以盈"的谦恭之美，则多能成就一番大的事业。本书的作者段惠民老师就是从农村走出来，具备"有大者不可以盈"的谦恭之美的人，我不能断言段惠民老师已经成就了轰轰烈烈的大事业，却可以说，他在班主任工作这个领域中，已经收获了丰富的经验，取得了显著的业绩和成就。

优秀的班主任，一定是充满爱心的人。在这本书中，有不少段惠民老师爱学生的故事，"小李前脚刚迈进办公室，我习惯性地一边迎接，一边给他拉椅子：'孩子，坐！'"读来让人感动。我觉得，他对学生的爱，已内化成了自己的血液和骨骼，化为了自己的教育素养，是发自内心的，在很大程度上剔除了功利，有了纯净之美。那么，有了爱，学生就一定能感受到这种爱吗？

有的时候未必。有的父母也爱孩子，可是孩子并不领情。而段惠民老师的智慧在于，他爱学生，又让学生感受到了这种爱，且让学生也学会了爱。没有爱，就没有教育；有了爱，不但可以温暖师生的心，还会诞生一个又一个教育"神话"。我甚至感到，段惠民老师的学生，对他不但爱，还有一种崇拜情结。正是这种特殊的向师性，才让他与学生之间演绎了无数的精彩。

从这本书的内容中，我们还可以触摸到段惠民老师那颗乐在其中的心灵跳动。并非没有困难，并非没有波折，可是，他依然保持了一种乐而忘怀的喜悦与淡定。从他幽默的语言里，传递出来的是"智者乐"的喜悦。而且，他将这种喜悦，又有意无意地传递给了他的学生，从而让学生也快乐起来。学生心灵是不是愉悦，决定着其在校幸福指数的高下。段惠民老师不只是在教书，也不只是在育人，他还为孩子们送上快乐。这一当下的快乐，会为学生的未来埋下幸福的种子。而段惠民老师就怀有这样一个神圣的使命，那就是要让自己的学生未来幸福。

段惠民老师的知识起点并不高（大学就读的是师专物理专业），可是，持续的学习、发展，却让他占领了行业知识的高地，更让他打开了智慧的大门。如果说通过努力即可拥有知识的话，拥有智慧就不那么简单了。这需要读书，特别是读一些好书，让书中的高贵精神与特殊智慧，在自己的心灵之中安家；同时，向有思想有智慧的成功人士学习，"三人行，必有我师焉。择其善者而从之，其不善者而改之"。段惠民老师在与魏书生等全国知名的教育大家接触过程中，就学到了很多东西，且有效地"拿来"，并进行了一定的创造。再者，持之以恒的教育实践，以及属于他自己的生命感悟，让他一次又一次地实现了生命的超越，《做智慧班主任》这本书，不就有了名符其实之美了！

段惠民老师已经有了一定的名气，与他齐名的老师，陆续离开了故土,到了大城市。段惠民老师并不是没有这种机会,可是,他依然固守在家乡的土地上,因为他有一种深深的"草木心思报泥土"的情结,他太爱家乡的孩子了,家乡的孩子成了他生命的牵挂。在他看来,这并非高尚,本应如此。我不反对一个老师走出去以获得更好的发展,但我更感动于那些坚守故土者,因为这需要的不只是坚守,还有一种高尚的品质,一种淡泊名利的情怀。诸葛亮说:"非淡泊无以明志,非宁静无以致远。"当下是一个相对比较喧嚣的社会,功利之心蔓延,浮躁之心盛行,能够安于农村教育且守护住心灵者,已是越来越少了。而段惠民老师不仅安于并站稳了乡村的三尺讲台,而且乐此不疲,把班主任工作,把教育做得风生水起。从这个意义上说,我更加敬仰他。

很想当场听听段惠民老师的报告,相信以后会有这样的机会。那时再反过来读这本书,当会对他有更深更新的感受吧!

2014 年 5 月 25 日于济南

(作者系山东教育社总编辑、编审,《中国教育报》记者)

序三：智慧——爱与意志

成尚荣

读段惠民老师的《做智慧班主任》，是与美国罗洛·梅的《爱与意志》同时读的。这绝没有抬高段惠民的意思，而是《做智慧班主任》似乎在印证《爱与意志》的核心观点："没有爱的意志只是一种操纵，缺乏意志的爱，必然只是一种无谓的伤感。"《爱与意志》又在提升《做智慧班主任》的核心理念："不想让孩子们的心中长杂草，那我们就在孩子们的心里种庄稼，种优质的棉花、大豆、水果、蔬菜。"

段惠民，一位扎根乡村学校三十多年的师范专科学校物理专业毕业生。他总是说："我是乡村小教师。"这当然是谦卑之语（段惠民被全国各地的同仁誉为没有名师称号的真名师、全国教师培训第一人），但反映出了一个重要的理念：小教师不小，因为基础教育不仅不小，而且很重大，从事基础教育的教师应是"大教师"。同时，还折射出段惠民的另一个重要理念："不能改变环境，那就改变自己。"段惠民就是一位不断改变自己的人，他理所当然是"大教师"。

其实，讨论教师的大与小，并没有太大的意义。段惠民只是想从"小"切入，论述一个大道理：做一个智慧的教师，做一个智慧的班主任。与其说，段惠民在论述，不如说他在讲述，讲述一个个故事，比如小狗也要大声叫的故事，比如熊猫、辣椒，以至便器的故事，比如煽风点火的故事，比如化妆的故事……

这些故事有一个共同的主题：智慧，做智慧的班主任。实事求是地说，"智慧""智慧教师"大家已耳熟能详了，已不是什么新词了，已不太吸引眼球了。可是，段惠民执着地坚守这一信念，锲而不舍，始终充满激情。殊不知，坚守，首先是种品质，是种智慧。当我们轻易地抛却一个熟知的概念的时候，正是在放弃一种智慧，因为熟知并非真知，而真知才会延伸出真正的智慧，才会产生大智慧。

智慧常常孕育在故事中。无论哪个故事，都指向智慧的一个特质——爱。所以，段惠民非常"土气"地说："爱学生，就会收获爱的大豆。""土气"恰恰是一种地气，这也是同仁们认为读段惠民的书、听段惠民的演讲，非常接地气、大受启迪、特别实用的原因；同时，这种"土气"，也更是一种"天气"——飞扬在天上的理想和信念。智慧之爱，首先是道德之爱。道德之爱，体现在爱护、陪伴、担承和相机的引领中。依我看，爱护是种爱，但有时候，对教师而言，爱护比爱更直接更亲切，因而更重要更有效。同样，陪伴、担承亦如此。爱是具体的，具体的爱才有魅力，才会显现道德的智慧性。仔细读段惠民的故事，我发现，他将智慧的道德性具体地体现在与学生的沟通、协商和过程的共享上。用萨乔万尼的话来说，这是道德领导。用爱，用道德支撑的教育是一种大智慧。

不过，罗洛·梅进一步告诉我们，只有爱是不行的。他在《爱与意志》的序言里说："我始终认为爱与意志是相互依存不可分割的"，"缺少爱的意志会被利用"，"而在我们这个时代，爱失去了意志，会变得脆弱并变为实验性的"。他还认为，"当我们内在价值崩溃的最终后果进驻到我们心灵中时，探索爱与意志的根源就显得尤为重要"。段惠民"无意"中践行着这样的理念。他总结做智慧班主任的体会时，这么说："该出手时就出手"，"工作中，没有困难的事情，只有害怕困难，不敢、不愿、不去做工作的人","把工作中的每一件小事做深、做透、做精"。这就是意志的具体体现，不妨叫作爱的意志吧。我说他"无意"中践行，他自己也常说"不经意"。看似"不经意"，看似"无意"，实则已成为习惯，成为一种教育自觉。

书中，读者一定会阅读、领略到：为了教育偷窃他人钱物的学生，又使全班学生"顺便"受到遵纪守法教育，还要为当事学生永远保守秘密、呵护他幼小的心灵，段惠民绞尽脑汁、煞费苦心，设计出"迎六一、庆六一"主题班会，巧妙地诱导学生说出他们的同龄人——看守所内关押的失足少年、在监狱里改造的少年犯，不能像他们一样高高兴兴地欢度节日，进而再巧妙地诱导学生写信鼓励失足少年、给失足少年拟"考试"题、批改失足少年"问卷"、竞选小记者、到看守所采访失足少年、召开新闻发布会等一系列生动活泼、丰富多彩的，孩子们喜闻乐见、易于接受的实实在在的教育情境和活动，从而让学生在亲身体验中生发感悟，在切身体验和感悟之后，不知不觉地革新了灵魂，自己教育了自己。更让人欣慰的是教学相长——在教育学生的过程中，段惠民酵酿、凝炼出了自己的班主任工作十六字方针和途径：创设情境、获得体验、生发感悟、革新灵魂；内化、结晶出了自己的核心教育理念：教就是教做人，育就是育心灵。

当作故事去读《做智慧班主任》吧！故事让时间人格化，故事让自己明晰了身份，故事又提供了一个可供分享的世界。从故事里，我们会对教育智慧有更深刻的认知，对爱与意志在教育中的意义有更省察的、深沉的领悟。

（作者系江苏省教育科学研究所所长、江苏省教育管理研究会副理事长、中国教育学会素质教育实验区指导专家）

序四：注重教育的生活幸福意义

田恒平

教育是一项神圣的事业，教师却是一个清贫的职业。带着对现实生活的感恩和对人生价值的追求，段惠民老师一直行走在学生的追梦路上，享受着一种旁观的幸福，这可能正是教师的梦想。

学生的梦想很现实，永远离不开生活，把握生活才能成就梦想；学生的梦想又往往很缥缈，永远高于生活，能掌控生活才能超越梦想。段惠民老师从生活出发，在点滴生活中探寻幸福的轨迹，这可能正是教育的真谛。

乡村的孩子有一个城市的梦想，喧闹而充满幻想，让人好奇；城里的孩子却有一个乡村的梦想，宁静而简单古朴，让人神往。段老师带领他的乡村孩子们享受着古朴生活，追逐着城市目标，"走出乡村"却不脱离乡土，融入城市却不为了浮华，让乡村拥有城市的富有与便捷，让城市拥有乡村的闲适与宁静，这正是当前城乡教育和城市化建设的梦想。作为一名走出乡村的教师，段老师始终保留着独特的令人艳羡的乡土气息；作为长期往来于大城市间做学术报告和交流的专家，段老师又总坚持每周回到乡村讲台，耕耘和成就着乡村孩子们的梦想，这就是一种教育者情怀。

生活的智慧和智慧的生活是段老师教育生涯的主题。生活是指人为了生存和发展而进行的各种活动，是人的生命动态展开过程，是人的一种存在形式，是人生的过程和体验。人生活在世上，需要物质生活资料的生产、交换及消费等以维持生存，我们称之为物质生活；需要人与人、人与群体之间交往、互动以保障生存，我们称之为社会生活；还需要文化娱乐、信息交换、宗教信仰等以得到心理的安适，我们称之为精神生活。这些因素构成了人们的生活状态。

一、教育的生活化

杜威认为："生活就是发展，而不断发展，不断生长，就是生活。"在他看来，最好的教育就是"从生活中学习"。段老师认为教育就是儿童现在生活的过程，也是将来生活的预备。由于生活就是生长，因此，杜威还认为，"生长是生活的特征，所以教育就是生长。"我们度量学校教育的价值，要看它能否为学生创造继续不断的生长欲望，能否供给方法，使这种欲望得以生长。今天看来，教育的生活化应包含三个基本内容：

一是教育内容生活化。生活囊括个体和种族的全部经验，包括习惯、制度、信仰、胜利、失败、休闲和工作。在这里，经验包含着人对事物的经历以及在经历过程中形成的经验能力这样两个部分，它意味着一个人"做过"和"会做"某件事，同时对该事物拥有自己的认识和见解。因而，人生活着，实际上意味着人"向经验""为经验"和"在经验之中"生活着，人的经验的丰富、充裕意味着人的一生的富有、充实。人的成长史也可以说是人的经验累积与更新的历史，人总是在经验中成长和成熟的。那么我们的教育教给受教育者什么？段老师认为要"教给学生生活的经验、生活的思维方式，使他们能更好地适应社会，应对生活"。具体表现在：首先，书籍是生活的阐释。古今中外，天文地理，人世沧桑，世事变迁，都能从我们的书籍里找到。书籍应该成为生活的记录者，我们要在书籍里体会生活的苦与乐，感受生活的悲与喜，从中获得生活的间接经验。我们的学习既是对书籍所记录的生活进行再现，也是对自身的生活经历进行阐释。其次，阅读是生活的体验。阅读书籍时，我们总是将书中的文字结合自身的生活经验进行想象，并将其还原为生活现象，在还原中，我们理解理性知识，记忆生活经验，感受人生哲理，体悟内心情感，所以说阅读是对我们人类生活的一种间接的生活体验。最后，创作是生活的再现。创作，无论是文学创作，还是艺术的创作，都是我们的真实生活经过记忆、筛选、综合、重组后形成的新的生活模型，是生活的主观再现。

二是教育目的生活化。人类的教育历史可以说是一个教育目的不断演变的历史，因为教育目的决定着教育的其他方面。教育最初是上层社会的游戏，古代中国教育呈现"学在官府""政教合一""官师合一"的特点，西方教育则多为教会把持，宗教又控制着政治，所以，无论是我国还是西方，教育多为政治服务。工业革命以后，世界发展的重心从政治转移到了经济，教育无论从内容还是形式，都转向于为经济服务。今天，和平与发展成为世界两大主题，构建和谐社会，共筑中国梦成为人们的共识，教育则以文化的共存与发展为主线，以人为本，更为关注人的生存与发展的能力。首先关注适应生活的能力。人由自然的人发展为社会的人，教育是关键。教育通过引导受教育者体验知识而使其拥有智慧，通过引导其体验生存、生活、生命进而使其获得对人生意义的感悟和领会等等。总之，教育通过学习间接生活经验，体验间接生活情感的方式来达到使受教育者适应生活的目的。其次关注享受生活的能力。要让人活得充实而有意义，就必须让人学会享受生活。要享受生活，就必须具有正确的世界观、人生观、价值观和较强的审美能力，要能在生活过程中发现美、感受美、欣赏美和创造美，而这一切正是教育所能达到的。最后关注创造生活的能力。人的未完成性在决定了人的可塑性和发展性的同时，也带来了创造的潜力和机遇。幸福的生活从来不会从天而降，它需要我们去耕耘，去创造，而这种耕耘、创造的能力正好来源于教育。因此，当代教育的根本使命，就是深植于生活的根本，培育人的创新精神和实践能力。

三是教育形式生活化。传统的教育形式主要为学校教育，学校教育又以学生的课堂学习形式为主。随着时代的发展，教育形式也应发展变化。首先是教育场所社区化。"学校教育生活化"应该是改造现行学校的基本路向。事实上，杜威在20世纪初期所提倡的将学校办成"雏形社会"的建议，并非只是一种幻想。今天，段老师书中的大量实例所展现的正是如此。在一些发达国家和地区，"学校教育社区化"已经越来越成为一种普遍的趋势。而且随着网络时代的到来，在发挥教育的功能方面，学校同社区将愈来愈趋于一致融合为一体。学校教育将只是学习型社会中的一个场所，全社会将逐步演变成为一所大的学校，形成一种教育无所不在的现象。其次是教育方式生活化。联合国教科文组织在《学会生存》中提出："不要把教育的权力交给一个单独的、垂直的、有等级的机构，使这种机构组成社会中的一个独特团体。相反，所有的集体、协会、工联、地方团体和中间组织都必须共同承担教育的责任。"教育方式必须生活化，使我们的整个生活都具有教育意义，这也是今天我们建构学习型社会的一个基本主张。

二、生活的教育化

教育是社会生活延续的重要传承手段。教育与人的生活，与人生经验之间具有同质性，教育就是在生活之中促成人的"生长"，而生长就是人生经验的改组或改造，"既能增加经验的意义，又能提高后来经验进程的能力"。因此，保持与更新人的生活和人生经验，是连接教育与社会之间的桥梁。

一是生活是个不断学习的过程。当今世界，科技进步日新月异，知识总量呈几何级数增长。随着高新技术的不断发展，信息网络技术的不断应用，经济全球化趋势的不断深化，人们的知识结构和素质需要不断更新和提高。传统的社会虽然也需要学习，但这些新的趋势出现以后，对学习的要求比以往任何时候都更高。在这种社会里，人们对知识的获取不再是一劳永逸的事情，需要随着知识的不断更新而主动更新自己的知识结构。由此，我们的生活就变成了一个不断学习的过程。每个人都要不断地学习，不断地应对新知识、新环境的挑战。这需要我们具备三个方面的基本素质：首先是勤于学习的冲动。人与人之间的智商差距并不大，但人生成就差距却很大，其中最为关键的就在于每个人对于学习的态度不同。只有自身喜欢学习，他才有可能主动地去不断学习。学习的过程是一个枯燥乏味的过程，需要有顽强的毅力才能坚持下去。因此，我们应该着力培养自身的学习兴趣，养成一种良好的学习习惯，把学习当成一件愉快的事情，让其成为我们生活中不可或缺的一部分，才能终身受益于学习。其次是精选学习对象意识与能力。在纷繁的大千世界中，我们每个人可以学习的东西很多，我们想学习的东西也很多，但无论我们如何勤奋，这世界上的东西都不可能学完，所以，选择适合自己的学习内容，是学会学习的关键。第三是善于学习的能力。学习的效果取决于学习的能力。教育应该着力打造人们的自学能力，在传授知识的同时，重点培养受教育者独立思考、独立分析问题和独立解决问题的能力，使其学会学习。

二是把学习当作一种生活方式。学习不能改变人生的长度，但可以拓展人生的宽度。人生在世，除了物质生活之外，还应有自己的精神生活，而这往往是从学习开始的。从学习的行为过程来看，我们的学习、生活和工作已经没有明显的分界。学习就是工作，工作就是学习，学习就是生活。在学中做，在做中学。工作的过程，就是学习的过程。工作中我们需要抽出一些时间来学习，正所谓"磨刀不误砍柴工"。人们生活在学习型家庭、学习型组织、学习型单位、学习型城市、学习型政府、学习型企业等等所构成的学习型社会之中，学习无所不在、无时不在。所以，在学习型社会里，在终身学习的理念支配下，我们应该把学习看作我们的一种生活方式。

三、教育与生活的幸福化

人的生活是一种不同于动物的存在方式，动物是在其求生本能的驱使下习惯性地存活着，动物的生存虽具有"进化"意义却少有"发展"意义；而人是在追求意义的过程中发展性地完善着。人总是在自己的生存环境中，不断地摆脱和超越自然生命对人的束缚，积极地追求更为丰富、更加完美、更加符合人的理想的生活样式，这就是"幸福"。"幸福"是一个美妙的字眼，它是一个人内心对生活的一种体验，并没有一个物质或地位的标准，但幸福却是每个人对自身生活的终极追求。教育在本质上是一种"实践"。教育即生活，即经验，意味着教育活动是人在其中的活动，是受教育者的主体性活动，因而应该是生动有趣的，人接受教育应该是一种享受，是一种幸福。

一是教育的幸福化。教育,应该是快乐的,更应该是幸福的,因为教育的内容是人类遗存下来的智慧精华,学习这种智慧无疑是快乐的。通过学习,我们的精神得到了满足,我们的视野得到了开阔,我们的灵魂得到了涤荡,我们的情感得到了熏陶,我们的智慧得到了启迪。这种自我的成长、完善与发展无疑是幸福的,如果通过学习创造出新的成就,那将是我们最大的幸福。教育的幸福化要求我们改变现存教育的功利化色彩,变生存教育为发展教育,变被动接受教育为主动享受教育,让教育的过程更为人性化,让教育的结果更为个性化,让我们因接受教育而感到快乐,由此,教育也便成了幸福生活的重要元素。

二是教育促进生活的幸福化。幸福是一种能力,获得幸福与感受幸福都是一种需要磨砺和培养的能力,这种能力的获得需要教育。人们虽然在追求幸福,但并非人人都能获得幸福。现实生活中并不缺乏能导致人产生幸福感的物质和精神条件,然而一些人缺乏幸福的感受,或者说因感知幸福能力的低下而丧失幸福感。幸福不是物欲的满足,幸福是心灵的充盈和精神的充实。幸福是一种过程,也是一种状态。要想获得幸福,我们除了要具备感知幸福的能力外,还应该具备创造幸福的能力。感知幸福的能力和创造幸福的能力,是构成人的幸福能力的两个重要方面。我们只有在创造的过程中,才能感知到真正的幸福;也只有在感知到真正的幸福时,才能体会到创造幸福的价值所在。

首先要有感受生活幸福的能力。幸福的内涵十分丰富,不同的人对幸福会有不同的理解。除了受一些客观的因素影响之外,一个人幸福与否更多地取决于主观感受。生活中不缺少幸福,而缺少感受幸福的心灵。人皆有欲,但只要得其所宜,都会得到社会的尊重和承认。从某种意义上讲,合理的欲望是人类社会进步的动力。但是,如果欲壑难填,就会为欲所累、所惑,沦为欲望的奴隶，遑论幸福！还要有饮水思源的品质。俗话说：饮水思源头，吃果子拜树头。从我们来到这个世界的那一刻起，我们的成长、进步，无不倾注着来自他人的关爱和帮助，有许多人在为我们编织一份幸福。我们没有理由忽视这份幸福，更没有理由不珍惜它而"身在福中不知福"。一汪清泉，一定有源头活水；一棵大树，一定有沃土滋养。同理，一个人活在世上，承载着来自社会这个大家庭中的许许多多的幸福和牵挂。只有饮水思源，我们才懂得珍惜，懂得感恩，懂得幸福。更应具备常思进取的精神。很难想象一个饱食终日、无所用心的人在生活中能感受到真正的幸福。20世纪80年代有一首歌《幸福在哪里》，歌词催人奋进："幸福在哪里？朋友哇，告诉你，它不在柳荫下，也不在温室里，它在辛勤的工作中……"这首歌道出了幸福的真谛——进取、创造。进取就要有目标。为个人理想而奋斗是幸福的，为人民谋利益也是幸福的，把两者结合起来展开人生追求更是幸福的。崇高的人生境界来自崇高的理想追求。尽管不是每个人都能实现人生目标，但是拼搏进取的过程同样是幸福的，甚至"奋斗比成功更幸福"。

其次要有创造幸福生活的能力。幸福的生活要靠自己创造，所以首先需要培养人的自立能力。自强自立是事业成功的支柱，也是人生的坐标。依赖别人者，心无进取，学无长进，得过且过，碌碌无为，一旦面对挫折与困难，便束手无策；而自立自强者，能够正视弱点，刻苦拼搏，使人生的道路越走越顺畅。教育通过加强对学生的品德修养，培养学生独立的人格；通过集体生活，培养学生的群体意识；通过学习竞争，培养学生的进取品质；通过知识的积累和无数次考试的成败，逐步建立学生的耐挫能力和自信心；通过各种名人故事磨砺学生意志；等等。总而言之，就是通过一系列的教育手段，逐步培养受教育者的自立能力。幸福的生活要靠劳动创造，所以还要培养人的劳动能力。人的劳动能力包括劳动体能、劳动智能和职业道德三个部分。劳动体能主要是要求劳动者有健康的体魄、正常的心理，即做得了劳动，它是劳动能力的物质条件。劳动智能主要是指基本的劳动领悟能力、思考能力和操作技术能力，知道"怎么做"，"为什么这样做"，"怎样做会更好"，它是劳动能力的智力条件。职业道德则是一个人的社会责任感，是"良心"，就是"明了劳动的意义和价值"，它是劳动能力的修养条件。教育历来注重人的德、智、体全面发展，使人成为高度自觉的、完善的人，给人以多方面的知识和能力，如生存、学习、交流、共处、做事、创造等，促进人的个性潜能的发挥，培养健康的情感；使人具备健全的体魄、丰富的情感、基本的社会责任感、智力能力，促使个体热爱劳动、乐于劳动、勤于劳动、善于劳动，从而通过劳动来创造自己的幸福生活。更要有创新能力。幸福的生活要靠智慧去创造，所以需要培养人的创新能力。幸福的生活需要我们去创造，需要我们去经营，而这些是需要智慧的。首先，物质财富的创造需要智慧。俗话说："力大糊一人，智聪养千口。"教育能够提高我们的智力水平，将潜在的人力资本开发为现实的人力资源，从而有效提高劳动生产力，尤其是能够有效地增加劳动的智力含量，减少体力消耗和损伤，增加劳动收获的幸福感。其次，社会生活和精神生活的经营需要智慧。光有物质的堆砌是难以获得幸福的，幸福更多地需要我们经营好我们的社会关系，同时，还要充实我们闲暇时光的精神生活，而这些都需要一个人有较高的素质。教育能帮助其拥有这种智慧，获得生活的幸福。

和段老师相识于他的学术研究，相知于他的学术讲座，有感于他执着的教育梦想追求和幸福的生活智慧，特絮叨写下感受，权作为序。

2014年3月于武汉学府佳园

（作者系全国著名班主任工作专家、湖北第二师范学院教师素质训练中心主任）

自序:"听"我轻轻告诉您

做老师的,谁没有一个优秀教师梦,一个名师梦?谁不想享受职业的尊严,人生的快乐?君不见,渴望成长的教师,尤其是充满理想、憧憬未来的年轻教师,一个个踌躇满志,不惜花费微薄的收入,买来各种书籍焚膏继晷、博观约取,不避奔波劳累南下北上,聆听名师的报告、专家的演讲,急不可耐地实践,马不停蹄地运用。可一段时间之后,却发现虽然了解了很多教育学、心理学原理,学习了很多典型的案例和做法,说起来口若悬河、头头是道,写起来思路清晰、逻辑严密,可他们中仍有很多人对于那些典型理论与案例拙于应用、应用不来,甚至不会应用,更甭说善于应用、活学活用,生搬硬套、机械照搬一阵之后,往往陷入邯郸学步的窘境,感觉书本中读来的经验、会场上听来的做法,全是花架子、假套路,于是便打起了退堂鼓,草草退出了"战场"。或者抱怨书非好书、瞎编滥造,或者惊呼师非名师、一派胡言,或者感觉明里吃了亏,暗地受了骗。更有甚者,因之心灰意懒、一蹶不振,从此甘心普通、碌碌无为。到头来,真正功成名就的,不说是凤毛麟角,却也实在少得可怜。

这是为什么呢?

"听"我轻轻告诉您——

名师不是学来的，是修来的

"操千曲而后晓声，观千剑而后识器。""读书破万卷，下笔如有神。""板凳须坐十年冷，文章不写一句空。"这是人尽皆知且耳熟能详的道理。试想，如果真有看几本书、听几场报告，就能够成为名师那样的好事，历史上还会有"墨池"之故事流传吗？果如此，若想成为乒乓球世界冠军，只需要请蔡振华、刘国梁教练几日，便唾手可得；想成为名师，只需要请魏书生、李镇西等教育家面授机宜，即可大功告成……如此一来，我们可以想象，满大街都将是各行各业的大腕、翘楚，各级各类学校都将是名师一排排，专家一队队。然而，尽管人人都清楚没有这样的道理，都知道没有量的积累，不可能有质的飞跃，都懂得一口不能吃个胖子，可是，生活中还是有人，还是有很多的人，甚至可以说绝大多数的人，依旧希望、仍然痴想一口吃个胖子，实在可笑、可叹、可悲！当然，希望成为优秀教师、名师，这是无可厚非的，也是每一位老师应该有的追求，是应该提倡的，但妄想一夜而为名师——真正意义上的名师，而非政府部门培养、赋予"名师"称号的"名"师，绝对是不可能的！名师不是学来的，是修来的。"铁杵磨绣针，功到自然成"的案例俯拾皆是，谁都可以信手拈来随口说出许多。所以，真想成为名师，必须老老实实下功夫，**下大功夫、真功夫、苦功夫、专心致志、无怨无悔**地在三尺讲台默默耕耘，把每一件小事做深做透做精，积累大量丰富鲜活的材料和经验，除此别无他法！事实上，当我们的个人品德、家庭美德、社会公德、职业道德都修炼到相当的层次，当我们的人格涵养、学科素养等方方面面都升涨到相当的高度，成为名师便是水到渠成、自然而然的事，想不成为名师都难。

要勤于思考，善于感悟

不难推知，名师、专家所写的书籍，所做报告之内容，大都经过漫长的积累、沉淀，浩繁的整理、归纳，反复的筛选、提炼，甚至精心的打造、包装。况且，大庭广众之下，有限的时间内,名师、专家只交流、"炫耀"了自己工作中最精彩的片段，呈现的只是局部或最好、最后的结果，很多关键的步骤、重要的事实以及背后所付出汗水的经历，限于场合或个人胸襟等方方面面的原因，不能或者不便多层面、多角度、全方位地，完整、系统且详尽地奉献给听课老师。即使无私奉献，听课老师也未必能像录音机、摄像机一样全盘接收；即使全盘接收，限于听课老师个人的知识背景和能力，也未必能完全理解和领会；即使完全理解和领会，囿于环境和条件等因素，也未必能正确应用，更未必能熟练地恰到好处地应用，毕竟对知识理解、领会，与彻底掌握、熟练应用之间，还存在一段较大的、漫长的，甚至艰难的、曲折的距离。您说是也不是？

再说，任何理念和思想，都有其产生的土壤和背景，都有其适用的条件和范围，哪里也不可能有放之四海皆准的方法和道理！所以，我们学习他人的经验，要勤于思考、善于感悟，要"师其意，不师其辞"，不拘泥于表面的字词语句，注重取得某种理念，最好将他人的思想理念，内化成自己的血液和骨骼，之后结合教师本人的特质和教育教学实践，具体问题具体分析，创造性地开展工作。只有这样才有可能取得好的教育教学效果，才有可能使自己在教师专业成长的道路上跑得快些！

当然，想成为名师，想做一名成功的教师，不待我说，读者朋友也一定清楚，仅仅明白上述两点而践行之是远远不够的。那么，就请您打开拙著《做智慧班主任》吧，开卷阅读，您一定会发现，乡村小教师段惠民坦陈起自己的教训来，是多么剖肝沥胆，多么口无遮拦！显摆起自己的经验来，是多么信马由缰、多么信口开河！稍稍回味，您一定能感受到，乡村小教师段惠民是多么真心希望、多么诚意期待，他所抛出的砖，能引出同仁们心中更多的玉！

"为稳一字半宵寒，一日三改心始安。弄斧班门凭君读，最喜方家论长短。"（本人歪诗《拙作稿就》）相信各位尊敬的师长看在我如此坦诚和率真的份上，发现拙著中不当之处、错误所在时，一定会毫不吝啬地赐教于我，先谢谢您啦！我期待着您的批评和高见！

"嘤其鸣矣，求其友声"，我的邮箱：hnxcxjsdhm@163.com.

2015 年 2 月 26 日于河南兰考

目　　录

引言　我是乡村小教师　1

> 不能改变环境，那就改变自己；周围的老师、身边的同事出现职业倦怠的时候，正是我专业成长的大好时机。

上编　感悟生活中的教育智慧　19

 生活即教育，教育也是生活 ················20

> 天地大课堂，生活真教育。教师要善于用教育的眼光观察生活，从生活中发现、感悟教育的智慧。

 小狗也要大声叫 ························27

> 身为小狗，我们不应该，也没有必要因为大狗的存在而惶恐不安，而不敢汪汪。所有的狗都要汪汪，都要叫，小狗也要大声叫！

便器、熊猫、辣椒等的启迪 ·· 31
┃ 孩子成长过程中出现问题是很正常的，是成长的必然。每个年龄段的孩子有每个年龄段孩子的特征，但特征不是问题，更不是错误。

不相容法则（鲸鱼哲学反应） ·· 40
┃ 不相容法则（鲸鱼哲学反应）的具体内容是，"发现别人做正确的事情，及时加以表扬和鼓励。"

不让心中长杂草，最好的方法是种庄稼 ···························· 42
┃ 不想让孩子们的心中长杂草，那我们就在孩子们的心里种庄稼，种优质的棉花、大豆、水果、蔬菜。

班主任要善于煽风点火（一） ·· 57
┃ 德育寓于活动之中。换句话说：没有活动，就没有有效的德育。甚至可以说，没有活动，就没有有效的教育，就没教育。

班主任要善于煽风点火（二） ·· 62
┃ 把工作中的每一件小事做深、做透、做精，就能做出方法来，就能做出乐趣来，就能做出智慧来，就能做出成就来。

班主任要善于煽风点火（三） ·· 73
┃ 班主任要善于动脑筋、想办法，"不经意"地、巧妙地给家长以榜样，让榜样引领家长主动、乐意为班集体付出。

羊群效应 ·· 79
┃ 学习的目的在于应用，在于古为今用、洋为中用，在于活学活用，在于学活用活。

方法总比困难多 ·················· 85

> 工作中，没有困难的事情，只有害怕困难，不敢、不愿、不去做工作的人。

快乐中秋播阳光 ·················· 94

> 借风使船，善于拿来、借鉴他人的力量和智慧，往往可以启迪我们找到处理问题的切入点，从而使问题难而易之、繁则简之、大事化小，迎刃而解。

爱学生，就会收获爱的大豆 ·················· 97

> 一个老师如果能够做到勇于为学生担承，不管他有没有优秀教师的称号和荣誉，他都是优秀教师，而且是真正意义上的优秀教师！

钓"鱼" ·················· 103

> 教育应该担负起唤起学生内心深处的自信、尊严、自由、良知，从而健全学生的人格，确立学生人生理想的重任。

下编　感悟他人的教育智慧　111

博学善悟化思想 ·················· 112

> 多读书不一定能成为名师，但是，名师一定是热爱读书的人，一定是读了很多书的人。一个不热爱读书的教师，很难成为大教师，更难成为大师。

教育的最高宗旨是立德树人 ·················· 124

> 教师应在尽量多的领域或方面成为学生的榜样，尤其是德行。只有德行好的教师，才配做学生的领路人。

贵人相助好成长 ·· 129
> 该出手时就出手,善于结交事业的贵人,早日圆自己美好的教育梦、人生梦。

培养记忆力——感悟他人的教育智慧案例(一) ·········· 140
> 当学生能够做到自我教育的时候,我们对学生的教育才发挥了作用,我们对学生的教育,才是真正的教育。

化妆——感悟他人的教育智慧案例(二) ················ 147
> 将解决问题的方法置于精心创设的情境之中,这种德育比单纯的批评教育要有效得多。

智断眼镜纠纷——感悟他人的教育智慧案例(三) ········ 152
> 想想我们自己当年所做的那些可笑的、可气的事情,就容易理解学生所做的——让我们(老师)感觉可笑的、可气的,甚至不可思议的事情。

永远的秘密——感悟他人的教育智慧案例(四) ·········· 159
> 教育的终极目的是学生心灵自然健康地成长,最佳途径是榜样示范、潜移默化下的自然觉醒和思想行为的自然修正。榜样是最自然的、最简易的教育,效仿是最有效的、最好的学习。

结束语   172

> 我的核心教育理念是"教就是教做人,育就是育心灵。"我的工作途径和方法可归结为十六个字:"创设情境、获得体验、生发感悟、革新灵魂。"

后记   175

成功路上无捷径 ··175

[引言]

我是乡村小教师

报告现场

有幸在"中国德育与班主任大会"上与来自全国各地的千余名同仁交流，向大家学习，我感到非常高兴。感谢各位师长和领导，让我与你们分享这美好时光。今天，我和大家交流的话题是：做智慧班主任。

我是乡村小教师段惠民。中国教师视频网的领导介绍我说，段惠民老师是河南省最具智慧力班主任，河南省十大教育新闻人物，全国十佳班主任，全国著名班主任，国内知名教师（班主任）培训专家，等等。各位老师，你们可千万别信，所谓的全国十佳班主任等荣誉称号下的段惠民，只是一个传说。

实事求是地讲，台上的这个段惠民，是来自河南的一位地地道道的普普通通的平平凡凡的乡村教师。

客居乡村　工作艰难

作为一名乡村教师，我为什么还要加上一个"小"字，称自己是乡村小教师呢？请允许我用几分钟时间啰唆啰唆，简单介绍一下我自己：

1987年6月，我从河南的一所师专——商丘师范专科学校物理专业毕业。不怕在座的各位师长笑话，时至今日，当年同时毕业，甚至晚我几年毕业的师专学历的同仁，都进修了本科，有的还进修了研究生，可是，台上的这个乡村教师——段惠民的最高学历，依然是师专。当年一毕业，我就被分配到中原油田的一所位置比较偏远的、规模比较小的乡村学校——中原油田供应处汤阴库子弟学校,成了一名乡村教师。

事实上,我说自己是乡村教师,确确实实是将自己的地位拔高了一些,因为,我分配到的这所乡村学校,远离中原油田总部河南省濮阳市二百多里,而且,由于它是中原油田的子弟学校,客居在河南省安阳市汤阴县境内,与周围乡村的学校之间没有任何业务方面的联系与交流,而我们学校也只有我一位物理老师。什么意思呢?教学中出现问题,发现问题,只能与教化学或教生物,甚至教语文、教政治、教音乐、教体育的同事探讨一下,实在拿不下,就只好记录下来,等到我们中原油田一个学期,甚至一个学年一次的物理教学研讨会上,向教研员请教,与同行切磋。可是这样的机会也不多呀,一个学期都不一定有一次呀!

青年时期

即便如此,也未必能如愿解决问题。我清楚地记得,参加工作后的第二个学期的某一天,校长对我说:"小段哪,明天咱们油田教育中心有一个物理教学研讨会,我们几个领导商量了一下,打算派你去参加。"

"好哇校长,我有很多问题等着请教呢!"校长话没说完,我就激动地接上了话茬。

校长说:"小段哪,你别着急,听我把话说完。本来打算让你今天下午动身去濮阳,可是,你看,咱们学校工作多,人手少,掰扯不开,考虑到你年轻,我来跟你商量一下,你能不能克服一下困难,明天早晨早起一会儿,坐早班车去?"

同志们哪,校长虽然和颜悦色地微笑着来跟我商量,但是,我心里明镜似的,这哪里是商量啊,校长分明在告诉我,我必须明天早晨早早起来坐最早的班车去濮阳,你们说对吧?其实,我早就从同事们那里听说过,如果开会的同志前一天下午动身去濮阳，耽误一下午工作不说，还要在濮阳住宿，住宿一夜，那是要花几十元、上百元的。谁当家谁知道柴米贵，学校是清水衙门，咱也不能埋怨领导、怪领导，你们说是吧？

第二天早晨，闹钟一响，我立马穿上衣服，脸都顾不得洗干净，一路小跑，十来里跑下来，跑到县城。有老师疑惑，你怎么不骑自行车？是呀，我也想骑自行车，可是，刚参加工作那会儿，买不起呀！

赶到县城，买上早班车的车票，一看表，离发车时间还有几分钟。我急急忙忙去买了几根油条，抓起油条，跳上汽车，顾不上吃，大脑就兴奋起来了：这一次，我的很多问题就要解决了。可谁知道——同志们，坐上汽车我才发现，我说了不算，有时候司机师傅说了也算不了数。你们想，沿途二百多里呢，有个乡村集镇一逢集赶会——农产品贸易活动，车就得塞。咋就那么巧，那么倒霉，俺第一次去参加教学研讨会，车就塞了，急得我在车上直跺脚。等车开到濮阳，我紧跑慢跑赶到会场，你们猜怎么着，教学研讨会议刚刚结束，教研员还不高兴地数落了我一番。

各位师长，你们说，我这个乡村教师，搞教研活动何其难！不要说与城里的同仁们比，就是与在座的来自乡村的各位老师比，能比得上吗？

还有你们可能不了解的，油田职工流动性比较大，哪里有石油，他们就在哪里安家，所以说，学生转学也就太平常了，尤其我们油田边远矿区的学生，转学更是家常便饭。记得1987年，我刚被分配到我们学校时，我们学校从小学到初中九个年级，四五百名学生，还像一所学校的规模和样子。转眼到了1994年，七八年光景，我们学校还是九个年级，却只剩四五十名学生了。因此，参加工作二十几年来，我当过几十名学生一个班的班主任，当过十几名学生一个班的班主任，当过五六名学生一个班的班主任,还当过两个学生一个班的班主任。你们别笑,凡事有劣势,就必然有优势,只有两个学生的班,调座位就比你们方便,你们说是吧?两个学生都坐最好的位置。为了不让他们自习课上随意说话,我把他们之间的距离拉大些,本来就两个学生,再拉大距离,同志们想一想,这教学氛围怎么形成?

我一个同事还挺幽默,一下课,就来与我开玩笑——假装气呼呼地找我这个班主任告状。

"段老师!"

"呵呵,咋的啦?又惹您生气了?"

"可不是!那么大一教室,就坐他们俩学生,还坐那么远。嗨!我一板书,趁我看不到,他们还挤眉弄眼做小动作,我一生气,差一点把他俩都撵出教室。"(笑)

我也被这位同事逗笑了:"你怎么差一点呢?"

"后来我考虑,不能把他们都撵出教室,如果把他俩都撵出教室,你说,我给谁上课?"

各位师长,你们想想看,我们的教学氛围怎么形成?

还有一个难题,就是做饭。从小到大,我哪里站过锅台?那也没什么,将馒头蒸透、把菜放到锅里、加上佐料、炒熟、煮烂,填饱肚皮就行。可要跑到十多里外的县城买把青菜也不是一件容易的事。那时,囊中羞涩,自行车也买不起。起初,我天真地想,去城里买菜,来回不方便,去一次就多买些,够一周吃的。结果发现,自己太蠢了。第二天,菜就蔫了,后几天,就干得可当柴烧。

还有,你们应该能想到,或许早就想到了。二三十年前,俺可是个小伙子,我们当年上大学的时候,和现在的孩子们上大学可不一样。现在孩子们大学期间谈恋爱,比较普遍、比较平常,我们那时候,老师说,应该把精力放在学业上,同学们都比较听老师的话，尤其是我，不仅听老师的话，而且做事谨小慎微，放不开。所以，尽管当时我对一位漂亮女同学很有想法，心里特别希望、特别愿意与人家接近，可纠结一番之后，我还是傻乎乎地听从了老师的劝导，努力地克制住了青春期的躁动和情感。毕业时，我也曾幻想，自己能分配到城里的学校，找一个漂亮的城市姑娘，郎才女貌一把。谁料想，奋斗来奋斗去，奋斗那么多年，好不容易考上大学，总算从农村考了出来，转来转去又转回到农村，成了一名乡村教师。咱先不说交通上的不便、文化生活的落后、各种信息的闭塞等等，只上面我说的那几条，各位年轻的朋友，如果你们被分到我们那样的学校，你们灰心吗？失望吗？我老老实实地向大家坦承，当年，我特别失望，失望到了极点，真正感受到了蒲松龄"墨染一身黑，风吹胡子黄，但有一线路，不做孩子王"的无奈。在那样极其失落的心态下，同志们想一想，我有心思好好工作吗？可以说，那时的我是"当一天和尚，撞一天钟"，甚至是"半天钟"。

那你们就想吧，这种状态下我所教的物理课的成绩会怎么样呢？两个学年，四个学期，几乎每次考试，不论是优秀率、及格率，还是平均分，差不多都是中原油田当时三十多所兄弟学校中的第一名，很少有第二名、第三名，只不过都是倒数的。因此，第二个学年一结束，我就在心里发誓，我要转行，我这一辈子再也不做教师了，就算转不了行，我调回老家去教书，也有个亲戚朋友给我牵个线，介绍个女朋友不是？所以，一放暑假，我就回了老家。

决心转行　哥哥智劝

一回家我就将满腹的苦水向外倒哇！听了我满腹的苦水，我的一位亲人很会说话。谁呀？我哥哥。他为什么会说话？我哥哥也是当老师的,我就是我哥哥的学生。想当年,我哥哥小学毕业几年之后,就在我们村的小学当老师,没教几年就被调去教初中("戴帽初中"——当时师资力量匮乏,小学生升级成了初中生,相应地,稍有点能力的小学教师,也就"勉为其难、顺理成章"地升格成了初中教师),而且以后就一直教初中。大家别笑,人家在我们当地教书教得,尤其是当班主任当得,还甭说,确实相当有名气。

我哥哥可是我专业成长的第一位贵人,这里请允许我简单介绍一下,当年我哥哥是怎样引导我走上专业成长之路的。当然,我是有意而为之。

当年,就在我即将走上三尺讲台的前几天,我哥哥给我做了下面这样一个小游戏。

如图,有很多行,或者说是很多列几何图形,其中有三角形、四边形、圆、五角星。从现在开始,我让大家认真地看两分钟——120秒,之后,我将这些图形隐藏起来,提一个小问题,看谁回答得既快又正确。

好,各位师长,时间到,我现在就将几何图形隐藏起来,请大家回答。

"从上往下数第5行中有几个三角形?哪位老师看清楚了请举手!"

"没有一位老师举手哇!"

"现在我将几何图形再投影出来,大家重新观察一下,看有几个?"

"两个!"

"对,祝贺大家回答正确,这一次,同志们用了零点几秒,回答得又快又正确。请问各位师长,刚才看了两分钟——120秒,

游戏示意图

为什么没有一人回答得出来？是这个问题太难了吗？"

"不是！关键在于我之前没有提出问题。"

"其实，朋友们，刚才这个小游戏，如果不先提出问题，即便让大家观察10分钟——600秒，大家的回答也和刚才差不多，一样不理想，你们说对吧？当年我哥哥就用这样一个小游戏，告诉我：弟弟呀，不论是看一本书，做一件事，还是从事一种职业，一定要围绕问题做工作，因为有了问题和目标，你做事的效率就会大大提高，就像刚才的那个游戏，不要说效率提高几百倍、上千倍（零点几秒之于五六百秒），就算只提高三十倍、二十倍，你干一年，相当于别人干三十年、二十年，你说谁成长得快？！这样，几年之后，你就会成为当地的名师，就会事业有成！"

当年，我哥哥还给我讲过很多诸如下面这样的故事，告诉我做工作、干事业要脚踏实地、循序渐进。

1983年，一个站在二楼阳台上都心跳加速的恐高症患者伯森·汉姆徒手攀壁，竟然登上美国纽约四百多米高的帝国大厦，创造了吉尼斯世界纪录。伯森·汉姆94岁的曾祖母，特意从遥远的家乡徒步走来参加庆祝大会，她想以这一举动为汉姆的纪录添彩。谁知这一异想天开的做法，无意间竟然又创造了一个耄耋老人徒步百公里的世界纪录。《纽约时报》的一位记者好奇地问伯森·汉姆的曾祖母："当你打算徒步而来参会的时候，你是否因年龄关系而动摇过？"老太太精神焕发，平静地说："打算一气儿跑一百公里也许需要勇气，但是，走一步路是不需要勇气的。只要你走一步，接着再走一步，再走一步，一百多公里也就不难走下来了。"

当年有一段时期我出现了职业倦怠，我哥哥听说了，他看似无意地与我交流了几句话，就改变了我的思想和工作态度。

"弟弟呀，我怎么听说你在单位不好好工作，上班敷衍了事，

每天进步一点点，就是成长，就是成功的开始！

吊儿郎当，下班抽烟喝酒，东游西逛，又是甩扑克，又是打麻将。"

"大家不都这个样吗？在那样的乡村学校，好好干又能咋样？混一个月的日子，领可怜的几十块钱的工资就是了。"

"弟弟呀，你原来不是这样的，你挺热爱教师这个职业的！"

"说原来干什么？原来我是挺热爱教师这个职业的，那不是原来嘛！现在大家都这样混日子，我凭什么好好干？我为什么就混不得？"

"那倒不是，哥是说，你是学过哲学、学过辩证法的，你不应该对自己的成长稀里糊涂。"

"我咋稀里糊涂啦？我学过哲学，别人没学过？我学过辩证法，别人不好好工作，我就应该好好工作？"

"那倒不是，我是说，你学过辩证法就应该用辩证的眼光观察生活，辩证地看问题。不然，学习了又有什么用？"

"怎么讲？"

"怎么讲？我问你，假如你的同事都没有职业倦怠，都积极努力地工作，惠民，你敢说你比别的同事聪明？你敢说你在专业成长的道路上能够比别的同事跑得快一些？"

"那倒不敢。"

"所以嘛，弟弟，周围的老师、身边的同事出现职业倦怠的时候，正是你专业成长的大好时机。就像走路，大家都懒洋洋地往前挪，甚至原地踏步、止步不前，而你按部就班往前走，一段时间后，谁走在队伍的前面，那不是很明显？假如你再悄悄地努力一把，加紧走一段，甚至跑一段，一段时间后，谁将走在最前面？"

各位年轻的同仁，你们说，我哥哥当年鼓励我做的游戏、给我讲的故事、说的话，是不是非常非常给力，是不是对我的专业成长非常有积极作用和指导意义，是不是对你们今后的专业成长也有所启迪?

所以,尊敬的各位师长,今天,无须再多举例,你们一定认同我哥哥很会说话,没错吧?

当年,我哥哥听了我一肚子的苦水,眉头皱了起来,猛然,他一只手用力往桌子上拍了下去,"啪!"桌子猛烈地颤动几下,差一点把桌上茶碗里的水全给震荡出来。

我哥哥发火了:"弟弟!你怎么不早说!你早说,你还能在那里多受两年罪?!去年,前年,你就应该转行!"

我哥哥一发火,我和家人吓了一大跳,可是略一回味,略一琢磨,我心里反倒高兴起来。为什么?因为我发现,我哥哥之所以发火,是嫌我说转行说得晚了,嫌我转行转得迟了。

谁知道,我哥哥顺着我转行这个意思没说上几分钟,我还没高兴多大会儿,就听我哥哥陡然用力吸气,嘴里发出咝的一声长音。我顺声一看,他的眉头皱了一下,但很快又舒展开来。注意到这个细节,我倍儿高兴。

"哥,你有办法啦?"

我哥点了点头。

"你快说呀,急死我啦!"

"弟弟,你真想转行的话,咱能不能这么办?"

"咋办?"

"咋办?新学期开学,你回到学校好好干工作。"

"啊?这叫转行?你这是什么狗屁办法!"

"弟弟你别急,你学什么专业的?"

"师范!"

"弟弟呀,你想一想,你师专毕业的,这两年教学教得一塌糊涂,你又没学其他专业,更不容易把其他专业的工作干好,是吧?再说,哪个单位的领导不会这么想,人家一旦想到这些,

胸中有理想,
脚下生力量。
厚德载大物,
善悟智慧长。
百折不屈挠,
自得贵人相。
天道本酬勤,
汗水铸辉煌。

谁还愿意接收你转行？惠民哪，等你工作中做出了成绩，大家提起你来，都竖大拇指：'那个小段老师呀，好样的！''段惠民那个小伙子呀，挺优秀的！''小段哪，太有才啦！'那时，你再提转行的事，人家领导也容易并乐于接收你不是？"

听了哥哥的话，好几天好几夜我纠结得吃不好饭，睡不好觉，我真正体会了吃不香、睡不宁的滋味。但是，仔细想想，我哥哥讲得有道理，大家说是不是？

也就是在我哥哥这样隔三差五地开导、鼓励、教诲之下，我这样一位乡村小教师仅仅用十八年的时间，就走出了我们学校，走出了我们乡，走出了我们县、我们市、我们省，走遍了祖国的大江南北、长城内外。到今天，除了西藏、香港、澳门和宝岛台湾，俺没去做过报告，剩下的其他三十个省级行政区，都有过我的足迹。我的报告累计已逾一千场次，场场都受到热烈欢迎！

有追求 有行动 就会有奇迹

新学期一开学，我又回到原来的学校上班了。这一次回到学校与先前不同的是，我有了"奋斗目标"，有了"理想"了。什么目标？什么理想？转行呗！这一有了"目标"和"理想"不当紧，我的工作态度就"端正"了。这工作态度一"端正"，从9月1日到10月6日，也就一个月多几天的时间，我们校长就向我招手了。来到校长办公室，我前脚刚迈进校长办公室的门，后脚还没迈进去，就看到学校的几位主要领导都在，正纳闷儿，几个领导已开始轮番夸奖起我来了："段老师呀，自从前年你分配到咱们学校，我们几位领导无论怎么看，都觉得你是一棵好教师、名教师的苗子！"

"小段哪，你是科班出身，受过系统的专业训练，年轻有为……"

"惠民……"

……

同志们,那时咱年轻啊,哪经历过这样的场面,说心里话,当时,我头一蒙,就辨不清方向,找不到北啦——自我膨胀到了极点,心想:本来嘛,我就非常棒、非常优秀,你们才认识到哇,我比你们知道的还棒、还优秀来……就咱们学校老师这素质,包括你们几个领导,哪一个能与我段惠民比?大家别笑,1987年那时候,师专及以上学历毕业生分配到农村任教的,实在是凤毛麟角,我们这所油田边远地区的乡村学校尤其可怜,师资更薄弱,百分之九十以上的教师是返聘的退休老教师(大多都是没文凭的民办教师);还有个别教师是高中刚毕业的学生(有文凭但不知道有没有水平,且不知道会不会教书)。谁知,就在我头脑发昏,自我膨胀到了极点,感觉只要我想干,没有什么事情能难倒自己,没有什么工作我不能做,没有什么工作我做不好的状态下,我们校长开口了:"小段,你看,咱们这个复读班的班主任,你能当不?"

"没……没问题,校长,我能……我能当!"

就这样,我的班主任工作生涯就开始了。

那同志们可能要问了,怎么开学才一个多月,领导就让我接任一个复读班的班主任?这个复读班怎么回事?原来,当年——1989年,我们学校两个初中班,共86个学生毕业,由于我们是中原油田最边远最偏僻的学校,教育教学质量非常低,只有5个学生分数过了中招的录取线,升学率也就百分之五六吧。不过,当时,中原油田生产形势比较好,就业率比较高,过中招录取分数线的5个学生等待着录取通知书,其余的几十个学生大部分都被油田各单位招工了,可是,最后剩下11个学生，各单位的领导都摆手说，招工名额满了，招够了。等人家学生和家长一走，他们就在那儿议论：这11个学生，中招考试7门课，总分最高的才考了260多分，考得最少的一个学生，7门课分数加起来，弄了个"do re mi"，才123分，他们连自己的姓名都写不好，把他们招工进来，能干什么呀！就这样，各用工单位都不招工，学生家长没办法，就央求学校领导，希望孩子能够插到应届班再读一年。谁知，应届班的学生和他们的父母坚决抵制。"本来我们孩子所在班的纪律就不太好，成绩比较差，学风就不正，再来这样十来个调皮捣蛋的学生，我们的孩子还怎么上学！不行！就是不行！"

没办法，学校领导商量过来商量过去，只好为这11位学生成立了一个复读班。当然，我们校领导选择最会做思想工作，最有班主任工作经验的老师，做这个复读班的班主任，谁知道，一个多月的时间，已经有两位班主任找各种借口辞职不干了。

我可告诉大家，带这11个学生的班主任，与带几十个学生的班的班主任，津贴可都是一样的，也是一个月7元钱。大家不要笑，在20世纪80年代，月工资40来元钱的时候，一个月7元钱的班主任津贴，差不多有两级工资那么多，能买好几斤牛肉。大家可以想想，人家两位老师为什么不要这7元钱的班主任津贴买肉吃、买水果吃？带这个班费劲哪，学生调皮捣蛋，老师hold不住、带不了哇！

同志们，就是这样一个两位会做思想工作、有班主任工作经验的老师不愿带、带不了、hold不住的11个学生的复读班，到第二年6月中招考试，各位师长，你们大胆地猜想一下，升学率会达到多少？百分之百？谢谢啦！大家太看好我啦！老师们哪，大家可真是太大胆了，太高看我了，我可没那么大本事，你们不要忘了上一年中招，我们学校两个毕业班，86个学生，那里面有成绩差的，咱从农村出来，谋个工作不容易；既然上了师范院校，毕业后就要好好教书！

也有一群成绩好的，正常毕业的86个学生才考上5个，你们让俺这样的11个学生全考上，可能吗？现实吗？实话告诉大家，经过我与校领导、任课老师、学生家长，尤其是与这11个学生摸爬滚打几个月之后，这11个学生，只考上了——8个。（掌声）

其实，升学率也就73%，比正常的班级，也就提高了67%。于是乎，当年，我就成了中原油田广播里有声、电视里有影、报纸上有名的班主任。

随后，1990年9月8日，在中原油田供应处庆祝第六个教师节暨优秀教师表彰大会上，我作为中原油田供应处四位模范教师之一、中原油田供应处优秀班主任，向与会的领导和师生做了《从小事入手，做好班级工作》的报告，受到热烈欢迎和一致好评。报告期间，很多休班的职工、买菜的家属也渐渐地围拢过来，挤拥在大会礼堂门口，加入了旁听队伍。

锦旗激励 坚定志向

尤其令我难忘的是，1991年元旦，学生和他们的父母，为了表达对我的感激之情、爱戴之意，敲起锣，打起鼓，赠送"师德育人"的锦旗给我。说心里话，当时，我特别自豪，觉得自己特别优秀，特别了不起！因为，在我求学的十几年里，教我的老师、我所求学的学校的老师、我听说过的老师，还有参加工作后，我单位的同事，我所能见到过的、听说过的，包括从报刊文章、电视节目里了解到的同仁，他们中间有白发苍苍的老教师，有年富力强的中年教师，其中不乏学校先进教师、镇优秀教师、县先进教师、省优秀教师，甚至全国优秀教师、模范教师者，他们都没有享受过学生和学生家长赠送锦旗的荣耀。金杯银杯，不如老百姓的口碑！

"师德育人"锦旗

所以，这面锦旗，让我忘记了之前做出成绩我就转行的初衷；这面锦旗，奠定了我今生从事咱们这个清贫而平凡的教师职业的思想基础；这面锦旗，让我从那时开始了有理想、有目标、有计划、有步骤的教育教学探索和追求。随后的这么多年里，我有幸三次代表中原油田物理教师，参加我们河南这个有着百万中小学教师的亿人大省每两三年才搞一次的初中物理教师优质课大赛，并两次荣获一等奖。三次参赛只有两次荣获一等奖，是因为首届优质课大赛时，教研员原本打算让我到省里参加赛课，可是当时我还不会讲普通话，满口方言土语，一说话就像与人吵架一样，于是没让我去讲课，只给我评了个省级优质课，发了一个荣誉证书。后来我苦练三年普通话，才练到今天这样不伦不类，就这，广东、江西等南方的老师们还夸奖我呢：多罗斯（段老师），你底（的）不动瓦（普通话），好标尊（准）耶！

我现在讲话，同志们听着费劲不？能听得懂、听得惯吗？那就好！

您看，随后的这么多年，我在《人民教育》等国家级、省部级刊物发表教育教学论文等160多篇，辅导学生在《中国教师报》等各大媒体发表文章500多篇……大家不要忘了，我可是学物理专业、教物理课的。您看，这是我的第一本教育教学专著——《教学相长——点燃你心中教育教学研究的火把》，2003年由人民日报出版社出版。

后来，出版了第二本教育教学专著——《就这样走出乡村——从乡村小教师到全国十佳班主任》。2006年，在全国各地与同仁们交流，老师们听过我的报告之后，强烈建议和要求："段老师，您的报告太精彩了，您哪里是处理一个学生的问题，您分明是通过处理一个学生的问题，不仅教育了

这个学生，也教育了这个班的所有学生，更教育了这个班所有学生的几代人。希望您将二十多年班级工作中这样成功的案例都写出来，让我们学习学习、研究研究。"于是，应大家的要求和建议，2009年12月，光明日报出版社出版了这本小册子。

没想到，五个月后第二次印刷，一年后第三次印刷，现已是第四次印刷。第四次印刷时，本着从善如流、尊重读者的想法，我对部分内容进行了调整、增补、修正、完善。拙作的名字也被出版社更改为"好老师是怎样炼成的"。老师们之所以那么欢迎这本拙作，我想可能是因为我来自一线，所写的内容的的确确都是大家已经经历的，正在经历的，将要经历的事情。另外，我个人感觉可能还有拙作中所写的两方面的内容，读者比较感兴趣。

听课教师上台抢拍照片

第一，我的教育教学理念，以及我在教学经验相当匮乏、没有任何班主任工作经验的情况下，如何利用自己的这种教育教学理念，第一次当班主任，就让那样11个学生，奋斗几个月之后，打了那样一个漂亮的翻身仗；还有，我是如何在自己的这种教育教学理念指导下，用18年的时间，从一个名不见经传的乡村小教师，走到了今天这个台上，成了全国各地同仁们口耳相传的所谓的全国著名班主任。

第二，拙作中介绍了我作为一个乡村小教师，是如何结交我事业中的贵人河南省教育厅副厅长崔炳建先生、《人民教育》总编辑傅国亮先生、副总编辑赖配根先生、北京教育学院杨秀治副院长等众多教育官员、专家、学者和名师，是如何在他们的鼓励、教诲、启迪、帮助下，专业成长的速度比我的同事们稍微快了些。

一句话，可能是拙作比较有针对性、实效性强一些，能够对年轻同仁的专业成长有所启迪吧！

您看，著名教育家魏书生老师在书的扉页给我题了这样几句话："你从乡村走来，登上全国讲台，汲取世界经验，植根班级育才。"

听课教师上台抢拍照片

您看，德育报社社长兼总编辑张国宏先生赐我这样一幅墨宝："中国教育需要段惠民这样的乡村教师。"

您看，体育场内，3000来位参会老师，六七个小时的报告，座无虚席，秩序井然。

您看，全国十佳班主任段惠民现场报告会，偌大的一个电影院，没有老师交头接耳，大家都像在座的各位朋友一样聚精会神地听我演讲。

报告的间隙或者结束，老师们便手捧鲜花，跑上讲台感谢我，抢拍照片，与我交流。

那么，我这样一个师专物理专业毕业的乡村草根教师，为什么能用短短的18年时间，就走到今天这个地步？今天与大家交流"做智慧班主任"这个话题的过程中，我会适时地、毫无保留地、最大限度地向大家坦陈，你们欢迎吗？（掌声）

哎哟哟，掌声不要太热烈，因为，您的掌声会让我的虚荣心得到极大的满足，那么接下来与大家交流时，我就会更加口无遮拦，坦陈得更加彻底！

体育场内座无虚席

报告间隙听课老师献花

[上编]

感悟生活中的教育智慧

生活即教育，教育也是生活

天地大课堂，生活真教育。教师要善于用教育的眼光观察生活，从生活中发现、感悟教育的智慧。

陶行知说："一天之内，从早到晚莫非生活，即莫非教育之所在。一人之身，从心到手莫非生活，即莫非教育之所在。一校之内，从厨房到厕所莫非生活，即莫非教育之所在。"教育源于生活，在生活中，为了生活，是生活的一部分、一内容，是生活。天地之间皆教育，处处留心皆教育，人情练达即教育。我个人认为，要做一名智慧的班主任，需要我们善于用教育的眼光观察、思考、感悟生活中的教育智慧。

最近两年，我看了几本佛学的书。可能会有老师疑惑："段老师，我们搞教育的，你看佛学的书干什么？"我向大家坦承，这是受两个人的启发，第一位是著名语言学家赵元任，他说："要做哲学家，须念不是哲学的书。"另一位是化学家利希腾贝格，他说："一个只知道化学的化学家，他未必真懂化学。"所以，段惠民说："**要真懂教育，要搞好教育，就不能只懂教育，还须念不是教育的书。**"

尊敬的各位师长，大家想想看，我们周围是不是有太多太多的老师，辛辛苦苦、勤勤恳恳努力工作一辈子，到了退休才发现，自己的一生，无非就是从青年教师到中年教师再到老年教师，重复着一代又一代普通老师的"老"路而已，在教育教学中难有成就，鲜有建树。转眼到了"夕阳无限好，只是近黄昏"的年纪，成了被人尊称的退休老教师。甚至有老师，一辈子从事教育，却做了一辈子的教育门外汉，这一点，你从身边有的老师教育不好自己的子女便可以找到答案，得到验证。之所以出现这样的结果——"一生痴情做教育，不识教育真面目"，一个不可忽视的、比较重要的原因就是，这样的老师一生只跋涉、攀登在教育这一座山中。

《坛经》有云："善知识，不悟，即佛是众生，一念悟时，众生是佛。"套用到个人成长，我们可以这样理解：一个人善于读书学习，善于与人交流，但是不善于思考与感悟，那么本来这个人具备能够成佛的素质，到最后只能成为一个普通的、平凡的老百姓；可是，一旦反思了，感悟了，觉悟了，醒悟了，大彻大悟了，那么，所有普通的、平凡的人，都能够成佛。可见，在读书、交流过程中，多多反思，及时感悟，更能加速我们成长，使我们成长得更快更好！

为了取得更好的交流效果，使我抛出的砖能够引出大家心中更多的玉，我建议各位师长，听我的演讲时，一定要带着一颗批判性的大脑，带着一双批判性的慧眼，来审视、思考、感悟我演讲过程中所列举的案例背后的教育本质和内涵。

深刻理解教育的本质和内涵，对于我们明确教育的职能与责任，对于一个基层老师成长为一个好教师、大教师都大有裨益。这绝不是咬文嚼字，钻牛角尖，更没有、也没必要夸大其词、危言耸听，因为没有理性的自觉，便不能在教育实践中，做一个理智而清醒的教育工作者。

万物皆一理 隔行不隔山

首先，我与大家交流"感悟生活中的教育智慧"。

说到这个话题，我的脑海中立即浮现出，我第一年做那11个复读生的班主任的情形。尊敬的各位师长，你们说，那时我有班主任工作经验吗？没有，因为从来没有做过班主任；教学经验也极其匮乏，毕竟那时才刚刚走上三尺讲台两年，而且还"当一天和尚撞半天钟"——不好好工作。那么，在短短几个月的时间里，我是如何带领那样的11个学生打了那样一个漂亮的翻身仗，学生升学率提高67%的呢？

我是受种树人救助受伤的小树苗的理念和方法的启迪。

每年春天，我们都要植树造林，绿化祖国。部分小树苗种上之后，因为突如其来的不可预料的自然力量或者小孩子调皮、捣蛋，弯折了，这种情况下，任何一个种树人都知道采取正确的措施去补救，即将小树苗扶正了，缠上绷带——打上保护层。可是，即使这样，有的人还是将小树苗救死了。为什么？因为他采取了这个正确的措施之后，就认为万事大吉了，就再也不闻不问了。谁知，他离开这个地方之后，一群小孩子过来玩耍，又将保护层破坏了，而他不知道，没有采取补救措施。随后，紧接着刮了一阵大风，大风一吹，树头一摆，咔嚓，小树苗从原来的伤口处，彻底地断掉了，只有舅妈，没有舅（救）啦！

那么，一个有经验的种树人会怎么做呢？他会在给小树苗打上保护层之后，仍旧每过几天，来关照一下这棵受伤的小树苗，如此这般五六天、七八天来关照一趟，来了七八趟、十多趟以后，随着时间的推移，小树苗的伤口愈合了，长粗了，变壮了，再刮大风也刮不断了。

各位师长想一想，有经验的种树人救助受伤小树苗的理念和方法，不就是我们转化后进生的理念和方法嘛！我们转化后进生常说一句什么话来着——反复抓，抓反复，你们看，老师们都知道。所以，我就对那11位复读生反复抓，抓反复。结果，几个月之后，就打了一个那样的翻身仗，按当时领导、同事、家长的说法，这叫创造了一个奇迹。

有一次，报告间隙，几位年轻的同仁跑上台来与我交流："段老师，我们做班主任，也是反复抓，抓反复，怎么没有抓出你那样的效果？"

这个问题提得好！反复抓，抓反复，没错，问题的关键是，反复抓，抓反复，抓的是什么？为什么抓？什么时机抓？什么场合抓？怎样去抓？抓到什么程度？抓多长时间……都值得研究！

当时，因为受种树人救助受伤小树苗的理念和方法的启发，转化了那样的 11 个学生，这让我深刻认识到了"万物皆一理，隔行不隔山"。你们看，种树理念都能用来转化后进生啦，隔行真的不隔山。近几年，我在全国各地讲"万物皆一理，隔行不隔山"越来越有底气，因为我研读历史书籍时，发现夏末商初，一位奴隶出身的，负鼎俎、调五味、佐国君、治理天下的大政治家、战略家伊尹说过一句类似的话："治大国若烹小鲜。"此外，我还在《邹忌说琴谏齐王》中看到，春秋战国时代齐国的谋臣邹忌谏齐威王曰："何独语音，夫治国家而弭人民皆在其中。"还在《汉书·卜式传》中了解到西汉时期汉武帝问放羊的羊官卜式，为什么放羊放得那么好，卜式回答汉武帝说："非独羊也，治民亦犹是矣。"哈哈，真是英雄所见略同啊！这样说来，在座的各位师长，如果您是小学生的班主任、高中生的班主任、职业学校的班主任，我这个初中学生的班主任所讲的内容，与您的工作就更没有距离了，您说是不？即使您不是班主任，也没有关系，您过去不是，今天不是，谁说得准您明天当不当班主任，即使您一辈子不当班主任，只要您从事教育，站讲台，育人都是第一位的，大家说对吧？

生活即教育 教育也是生活

当然，有了上面的体验，我更深刻认识到，人民教育家陶行知先生"生活即教育,社会即学校"理念的正确性,种树理念都可以用来转化后进生了,生活不就是教育嘛!生活即教育,多有道理,多正确呀!

于是,我太佩服、太敬仰陶行知先生啦!

于是,我迷上了陶行知。

于是,我买来陶行知先生的教育著作,认真学习、研究。陶行知作为中国现代杰出的人民教育家、学者和坚定的民主主义战士,他"为中国教育寻觅曙光","捧着一颗心来,不带半根草去";他"为了苦孩,甘为骆驼","敢探未发明的新理"……陶行知之所以提出"生活即教育,社会即学校"的理念,是因为当年他留学美国,师从著名的教育家杜威先生。根据美国的国情和西方实用主义哲学,杜威提出了"教育即生活,学校即社会"的理念。陶行知学成归国之后,就把这个理念在我们中国这片教育大地上践行,结果发现了这个理念的局限性,于是,经过反思和感悟,他便将这个理念修正为"生活即教育,社会即学校",从而创造了中国本土的乡村与平民教育模式。陶行知成了中国的"杜威",而非杜威来到中国、杜威在中国。

认识到陶行知先生"生活即教育,社会即学校"理念的正确性之后,我当时就想,作为一代教育大家、名家的杜威先生,提出的"教育即生活,学校即社会"这个理念也应该有道理,他肯定不会是脑门一热,上下嘴唇一碰,就提出"教育即生活,学校即社会"的命题,而后公之于众的,他也一定是经过深思熟虑才提出这样一个理念的,也一定有他的道理,我能不能用事实来验证一下呢?

经过一番思考,我将教育、转化后进生的理念和方法,用来指导我的生活,这一指导,你们猜怎么着,我本人的生活质量,我亲人的生活质量,我同事、邻居的生活质量,听过我报告的老师们的生活质量，有了不同程度的改善和提高。同志们，至今我参加工作二十六年，前十年不算，后十年不算，中间那个五六年，我痛苦极了，由于起早贪黑、没日没夜地工作，任劳任怨、默默无闻地工作，我患上了严重的职业病——咽炎。严重到什么程度？一年要住院三四次，每住一次院，差不多半个月的薪水要送给医院。心疼啊！身体难受倒还好说，最痛苦的是，一个人不能做自己喜欢的感兴趣的事——我那么热爱教育，不能再登台讲课。可是，当我将转化后进生的理念和方法引用过来后，我自己就将乡村医生治不好，北京的专家也很难根治的咽炎治好了。好到什么程度？2008年8月1日到8月11日最有说服力，整整11天哪，同志们！我连续在全国各地做报告，每天哇啦哇啦六七个小时。这还不算，其中还有三天讲完课，坐汽车、赶火车、候飞机，几乎整夜不睡地赶往下一个会议地，洗把脸、吃点饭、喝点水，接着讲课。即使如此折腾，第一天讲课我的嗓音洪亮，到最后一天结束，我的嗓音依然洪亮。

谢谢大家的掌声，你们一鼓掌，我明白了，噢，大家是想要我说一说我是怎么治好咽炎的。那好，劳烦同志们慢慢听我与大家交流班主任工作理念与案例，相信你们在听我的班级工作理念与案例过程中，很快就会感悟出来，这里就不啰唆，不耽误大家时间了！当然，也能治好脚气病，各位师长别笑，还能治好初得的糖尿病、高血压、胳膊麻、腰腿疼等疾患。不信，你们听过我的报告，回去后试试！当然，对高血压、糖尿病这样的病，仅限于刚发现几个月的，患者并发症都出来了我这个方法也不行。好，我利用转化后进生的理念，治好了我的职业病咽炎，这样说来，"教育即生活"也有道理，也正确呀！

各位师长，就在那个时候，就在那种情况下，我产生了一个大胆的想法：既然两位大教育家的理念刚好相反、相悖、相左、相对，

生活，从不曾辜负热爱它的人，幸福，总是追随孜孜以求的奋斗者。

而认识的发展是无止境的,智者千虑必有一失,那么,两位教育家的理念也必然存在着不足之处。人常说,无知者无畏,人还说,愚者千虑必有一得,当时,我这个没见过世面的、孤陋寡闻的乡村小教师,在无知的情况下,就无畏了一把,非常果敢地断定两位教育家的理念一定都有问题,都必然存在着不足之处,有偏颇、片面的地方。于是,经过认真反思和感悟,我就将两位大师的理念做了修正,修正为段惠民的理念,叫作:**"生活即教育,教育也是生活;社会即学校,学校也是社会。"**(掌声)

小狗也要大声叫

各位老师，如果您也来自乡村或者山区的落后学校，我想，您既没有必要自卑，也不必自怨自艾，更不必自暴自弃，当然我们也不能妄自尊大、夜郎自大。城里的老师有城里老师的优势，但他们也有他们城市学校的劣势，他们没有留守儿童吧？在留守儿童这个问题上，他们城里的老师就极少有发言权，甚至没有发言权，所以我说，我们乡村或者山区的落后学校有自身的劣势，也有我们的优势。就说留守儿童这个问题吧，假以时日，您研究深了、研究透了、研究好了，您不就是留守儿童问题方面的专家了嘛！到那时，来台上做报告，与大家交流、分享工作经验和乐趣的老师就是您！您说对吧？因此，只要我们爱生敬业，踏实工作，认真思考、感悟，及时记录、总结，并拿出勇气和毅力来，坚忍不拔地努力下去，"Never give up！Never never give up"，我们就一定能够在专业成长的道路上走得远。

说到勇气，我再抛出一块砖。我实事求是、大言不惭地告诉朋友们，乡村小教师段惠民就是一个非常有胆量、非常有勇气的人。大家都说天上不能掉馅饼，朋友们，我的亲身经历使我确信，天上确实能够掉下馅饼来，信不信由你们，反正我信了。2005年12月，在几家单位共同组织的一次半官方、半民间的评选全国优秀校长、优秀班主任的活动中，我稀里糊涂地浪得了一个"全国十佳优秀班主任"的荣誉称号。你们看，天上掉馅饼的好事让我赶上了。之后没多久，北京师范大学继续教育学院的一位领导打来电话，邀请我为一个全国性的班主任培训会议做报告。自知自己这个所谓的"全国十佳班主任"属于天上掉馅饼的范畴，徒有虚名，我便回话说："老师，我是一个乡村教师，您还是请大学的教授、中小学的特级教师，教育部、各省教育厅表彰的国家级、省部级优秀教师、模范教师吧！"可对方说："我们请了，联系了好几位老师，他们都凑巧有点事。"当时，不谙人情世故，"听"不出眉眼高低的我也没多想，随口便说："既然他们都有事，我还——真——没有事，那我就去试试？"

谁知，到了地方才知道，原来整个会议只有两天，第一天的报告人，是大家所熟知的教育名家魏书生老师。魏书生老师的报告大家都听过，太精彩了！之前几位老师可能担心第一天魏老师的报告那么精彩，第二天自己做报告时，把听课的老师讲睡了，讲跑了，面子上不好看，都找个理由委婉地拒绝了。咱是个乡村小教师，哪懂这个"潜规则"，所以就不知天高地厚地去了。到地方以后，虽然知道了是这么一回事，但也不能打退堂鼓了。第二天硬着头皮登上讲台，礼节性地向听课老师问个好之后，我快速地用目光扫视了一下会场，一句话还没说，便发现与会老师们的表情不太对劲，有一种很失望的眼神和状态。这也是预料之中的事！这哪成？我说："老师们，昨天魏老师的报告是不是很精彩？""是。""大家感觉我是个乡村教师，有点失望，对不对？"好多老师很真诚地冲我点点头。我说："谢谢老师们！魏老师的报告特别精彩，大家昨天领教了，我也早就领教过。说实话，我再学习两年，再学习二十年，我努力一辈子，魏老师讲的我也讲不了。可是，老师们哪，你们也不要那么失望，不妨认真地听一听我的报告，如果你们耐下性子，认真听完我的报告，我坚信，你们一定会有这样一种感觉：著名教育家魏书生老师讲的，我段惠民是讲不了，但是，我段惠民讲的，魏书生老师他也讲不了！"（掌声）

"啊，这个可以有！"（热烈掌声）

让我实实在在没想到的是，我耍的一个小"聪明"，思考多半夜才"急"中生智设计出来的一个偷换概念的小技巧——魏书生老师讲的精彩我讲不了，我讲的内容魏老师讲不了，竟然赢得了热烈的掌声，撞了一个碰头彩、满堂红！

我的嗓音坚定了，"修饰的颤音"也因信心的提升和响度的增大而减少。

本来嘛，这个世界上有大狗也有小狗，但是，身为小狗，我们不应该，也没有必要因为大狗的存在而惶恐不安，而不敢汪汪。所有的狗都要汪汪，都要叫，小狗也要大声叫！（更热烈的掌声）

谢谢大家热烈的掌声，看来，大家对我这只小狗还是蛮欢迎的嘛！那么，今天，我这只来自河南的小狗，就在这里尽力地汪汪！以回报大家热烈的掌声！（又是一阵热烈掌声，我前一天晚上还高悬的心终于放下了）

好，离题有点远啦，回到我们"生活即教育，教育也是生活，社会即学校，学校也是社会"这个理念上来。从2006年春我开始奔波于全国各地与广大同仁交流起，我就向大家汇报我的这个"生活即教育，教育也是生活"的理念，可是底气不足。后来，与一些大师级的人物同台做报告做得多了，有教育专家听了我的报告鼓励我说："小段，你讲得有道理。你敢于怀疑两位大师的理念，并提出自己的见解，且修正大师的提法和理念，实在了不起，你尽管大胆地、放开地讲你这个理念，这个理念就是你段惠民的。"

"行吗？"

"行！怎么不行？你没听人家说，有人发明了铅笔，有人发明了橡皮，有人将橡皮固定在铅笔上，就发明了带橡皮的铅笔。"

朋友们不要只是会意地、满意地笑，呵呵，这就对了，掌声还可以更热烈些，是不是？真的应该有所表示，我之所以看似啰

> 伟人毛泽东说："从群众中来到群众中去，想问题从群众出发又以群众为归宿，那就什么都好办。"因此，段惠民便想到：做学生工作，要从学生中来，到学生中去，想问题从学生出发又以学生为归宿，那就什么都好办。

唆地讲述带橡皮的铅笔这个事，其实我是在有意向大家坦陈，告诉年轻的同仁，我的一个关于教师专业成长的方法或途径：今天你学习孔夫子，明天你学孟夫子，将他们的理念合在一起，就是你的理念；第三天学习李夫子，第四天学习王夫子，将他们的理念合在一起，就是你的理念……如此这般，同志们哪，今天你有理念，明天你有思想，久而久之，你不就是思想者，你不就是思想家，你不就成长为名师啦？

便器、熊猫、辣椒等的启迪

设身处地是教育的前提和基础

有了这个"生活即教育,教育也是生活"理念以后,我观察生活就更敏感、更发散、更细腻了,对生活的思考也更认真、更多元、更深刻了。

有一次,我去上厕所,一进门,就看到一个打扫厕所的保洁员,正在与一位带着四五岁小男孩的父亲吵嘴。估计大家能猜想到吵嘴的原因——小男孩儿随处撒尿。几个月后,我去了另一家单位的厕所,一进门,就看到便器中有这样一个小家伙,我立即拍照。你们看,如果一个父亲带着一个四五岁的小男孩来到这个厕所,我敢说,不要大人说一句话,小男孩一进门就会明白,便能一蹦三跳地、高高兴兴地到这里解决问题。你们说对吧?所以,老师们,发现孩子随处方便的时候,我们成人不应该去指责、教训孩子,而应该首先检讨、自责,是我们没有给孩子创造条件,人家水平没那么——高,才弄到外面的嘛!(笑)

这让我想到了我们所从事的教育,当发现孩子们犯这样那样的错误的时候,作为父母、作为师长,我们也应该首先检讨、自责:是不是我们没有搭建孩子成长的舞台,没有创设孩子成长的情境,没有为孩子们创造条件,孩子们才出现这样那样的问题,才犯了这样那样的错误。

便器中的小家伙

生活即学习、即工作,工作即生活、即学习,学习即工作、即生活。

大学同学合影

我敢说，你们肯定见过这幅照片上五个小伙子中的一位。对，最左边挎包的这位傻乎乎的貌似文学青年的家伙就是我。这是当年读师专时，我和几位同学在学校大门口的一张合影。现在，我请同志们关注一下我们那时的发型，尤其是我的头发，是不是很乱、很难看？当然，我旁边几个同学的发型也好看不到哪儿去，但是，那时候，哪位要说我的头发难看，我肯定心里不舒服，因为那时我就认为那样酷毙了、帅呆了，那样特标新立异，那样能证明我就是段惠民，那样能引起他人的注意，让我心里美滋滋的。但是，一旦过了那个年龄段，老师们，像今天，再让我留那么长的头发、那样的发型，我还留吗？肯定不留了，当然了，想留也留不起来了。（说话的当儿，略转身将自己的秃脑袋壳展示给台下的听众）（笑）

再如，而今这年代，很多小青年身着破烂着好多洞洞的牛仔服，甚至有的女青年肚脐眼都露着，我们看不惯，那样的"破烂"衣服——奇装异服，不要说一条裤子一二百元钱，就是一二十元一条，我们也不买。但话又说回来，如果我们也是这个年龄段的小青年的话，估计我们也会赶时髦、赶潮流，我们也会买，还可能争相买、攀比买，同志们说是也不是？

再如，小学一二年级七八岁的小男生，放学路上，看到扎着长辫子的同班小女生在前面走，会偷偷地跟随上去，抓住人家的辫梢，稍一用力，给人家甩到身前去，这就是这个年龄段的孩子单纯、活泼、调皮、可爱的特征，大家说是不是？如果成人看到了但不说他，可能他这一生只在今天此情此境下心血来潮，调皮、活泼这一次。根本不是个事！请问，在座的哪位师长见过咱们学校的男领导、男教师，偷偷跟在一位女老师的后面，这样"调皮"一下？（笑）然而，就有那样的老师，分不清小男生甩小女生的辫梢，是特征还是错误，一经发现，立马上前，不分场合，不论轻重，就大声训斥："小小年纪，就耍流氓！"一句话，就将小男生弄到流氓队伍里去了。人前背后，其他学生戏称当事小男生为"流氓"，小男生可能从此抬不起头，还可能从此"破罐子破摔"，放纵自己，长大后就真的成了流氓，流氓一辈子。

那么朋友们，我想表达的意思是，每个年龄段的孩子有每个年龄段孩子的特征，这里，我比较喜欢用"特征"，而不喜欢用"问题"这个词。上什么山唱什么歌，到什么年龄说什么事，一个年龄段的孩子，有一个年龄段孩子的特征，过了那个年龄段，你不教育，不说服，不指责，不强制，他也不会再有这个特征，再去做那个年龄段的事情。你们说是吧？所以段惠民说：**"孩子成长过程中出现问题是很正常的，是成长的必然。每个年龄段的孩子有每个年龄段孩子的特征，但特征不是问题，更不是错误。"**

上网一搜便会发现，有个别同仁硬是不明白这个道理，他们怀着一颗为学生负责为学生好的心，以爱的名义，以教育的名义，"强奸"人意，实施着戕害学生心灵的反教育行为。比如，在没有做通思想工作的前提下，强迫学生统一发型，结果发型没统一，个别想不通的学生喝了农药、割了腕、跳了楼，因舍不得头发而放弃了花季的生命。

类似的悲剧，大家上网搜索一下，看一看是不是时有发生、多有发生。我们应当吸取教训哪！

明白了这些道理，我们就会自然而然地、自觉地对学生多几许宽容，多几许谅解，师生关系便多了几分和谐，也让学生多了几分亲师信道的情感和缘由。所以段惠民说："教育不仅仅是发现学

> 教师若不从心理上回归到青少年时代，回归青少年的思想高度，很难走进学生心灵、走进教育。

好的师生关系就是教育

生的缺点和错误，甚至瞪大眼睛去寻找学生的'缺点和错误'，然后进行批评、教训、规范，而应该是在发现问题后，及时、全面、深入地研究学生为什么会出现这样或那样的问题和错误，而后想方设法示范、引导、鼓励、帮助学生成长。""只有站在孩子的立场，站在孩子的角度，设身处地为学生着想，才能感受、理解学生的所作所为，才能尊重学生的需求，从而明白、解决学生的事情。"我甚至偏激地认为，"设身处地是教育的前提和基础。没有设身处地，就没有真正的教育。""好的师生关系，就是分数，就是教育。"

不能用教师（成人）的标准规范学生

大熊猫

同志们请看左图，这是什么动物？

对，熊猫，但是大家知道不知道，在宝岛台湾，同胞们不叫它熊猫，而叫它——猫熊。现在请问各位师长，这两种叫法，哪一种叫法有道理？

哎呀，那么多老师上当！对，两种叫法都有道理：台湾同胞之所以把这家伙叫作猫熊，是因为它属于熊科，模样像猫，意思是这家伙是像猫一样的熊——猫熊；而在我们大陆，人们认为这家伙虽说与熊是近亲——"堂兄弟、姑姊妹、姨表亲"，却憨态可掬，像宠物猫一样可爱，而且是珍稀动物、国宝，故亲切地昵称它"熊猫"。

所以段惠民说："这个世界上的事物并不都是非黑即白。横看成岭侧成峰，远近高低各不同，我们不能以自己心中之标准和条件来判断和界定他人与他事，更不应该用成人的标准来界定和要求孩子。"你们说对吧？

不了解学生，请免开教育之尊口

各位朋友，请看右侧图片。呵呵，有同志笑了，请问大家笑什么来着？

"免费开放，每人10元。"呵呵，当我看到右侧上图中的这几个字时，我也和大家一样感觉这几个字可笑。这太矛盾了，都免费了还要钱，岂有此理！于是，我掏出数码相机咔嚓按下了快门。就在我按下快门的瞬间，我猛然感觉不对，标语这么正式，怎么可能出现这么低级的逻辑错误？于是，我这个对什么事情总爱刨根究底的人，便走上前去一探究竟，原来整个墙壁上写的是："红岩联线各景点免费开放，乘坐景区往返导游车每人10元。"矛盾吗？一点都不矛盾！是开始时我们在马路边，观察的角度受限，只看到了胡同口的部分文字，造成了误会。

"矛盾"的标语

回到教育上来，有的老师还没有全面细致地了解一个学生，只是刚看到这个学生的一部分（激光笔指示"免费开放,每人10元"八个字），就开始指责批评他："你怎么这样笨呢！"如此这般今天骂，明天骂，结果两个月后，你们看吧，被骂的这孩子一见骂他的这老师，便会越来越"笨"了。

所以，我说，要毁掉一个孩子，太容易不过了，只需要我们每天对孩子说一遍："孩子，你真笨，你咋那么笨呢？我当老师当了二十年，还没教过你这么笨的！"不出两三个月，足可以改变这个孩子的性格，甚至毁掉他的一生。这里我强调一下，这次我们的交流活动结束，大家回去之后，千万不要在自己学生身上，验证这句话是不是正确！如果实在想验证一下，那一定用自己家

的孩子！（掌声）

所以，段惠民说：**"尊重学生，是了解学生的前提；了解学生，是教育学生的前提。"** 不了解学生，请免开教育之尊口，即使了解学生，十分了解学生，也不能伸出有力的大手打学生、体罚学生。

每个学生都是独一无二的

这是什么

请看左图。"同志们，这是什么果实？"给大家交代一下，一个果实也就手指头大小。

"樱桃？""枸杞？"……"不知道。"

"不知道，我来告诉大家，这既不是樱桃，也不是枸杞……而是辣椒！"

"大家看，这都是辣椒！"

各位师长，假如有人说："辣椒都是长的、弯的、尖的，乖乖，这怎么长得像樱桃？像茄子？像馒头？"

"辣椒都是绿的、红的，这怎么长成黄的、紫的？"

辣椒

"辣椒都是从枝条往下生长，这怎么朝着天空发展？"

同志们听到这样的问题笑了。那是因为这些问题确实幼稚、可笑！然而，反观我们的教育教学实践，我们身边的很多老师，是不是也常常说类似可笑的话："张三哪张三，你看人家李四同学、王五同学如何如何，你怎么就不能像李四同学、王五同学那样？"

……

鉴于这种情形，段惠民说：**"每个学生都是独一无二的。作为老师，不要强迫张三按李四的模式成长。我们没有能力将王五培养成赵六！"**

别说你只带学生两三年，就算你是孩子的父母，你带他一辈子，你也不可能将双胞胎的弟弟培养成哥哥,大家说是也不是?

  尊敬的各位师长,各位年轻的同仁,请允许我们的交流跑题两分钟,延伸一下思维,展开一下想象。每一个学生都是独一无二的,当我们老生常谈、认同这句话的时候,我们是不是更应该,自然而然地联想到我们自己的专业成长。我们在座的每一位老师都是这个世界上独一无二的教师、独一无二的人,既然如此,各位年轻的朋友,如果我们在日常教育教学实践中,能够每天兢兢业业地、创造性地工作,并坚持不懈地记录、整理,勤于并善于反思、总结,持之以恒地撰写工作札记或日记随笔,那么,三五年后,不就刀越磨越利、脑子越用越活,我们的教育教学经验不就积累了、丰富了、系统了、提高了、素质了、艺术了,不就真的独一无二、独树一帜、独占鳌头了,我们不就成为优秀教师,成为名师了,最终也不就如著名的人文主义思想家德西得乌·伊拉斯谟所说的,"一个人成为他自己了,那就是达到了幸福的顶点",成为一个享受教师职业幸福的人啦!

> **人生最大的悲哀,莫过于让道听途说的道理限制了自己,限制了自己人生的无限可能**!

老师不能断定学生未来

  事实上,有时我们连准确地观察、判断、评价学生,都相当困难,都很难做到。

  从哲学的角度来说,人的认识的发展是无止境的,因此,教师认识教育规律不可避免要犯错误;从教育的性质来说,教育是育人的科学和艺术,教育之路也是没有尽头的,教师不能够也不可能在学生面前扮演"圣人"角色;从个体成长的角度来说,教师也是人,也是普通的人,其专业成长总有一个从不成熟到比较成熟的过程,概莫能外;从教师的工作对象的复杂性来看,每一个学生都是独一无二的,教师不可能在任何时候任何地点对任何学生或面对任何教育现象都能做出科学公正的判断,更何况,科学公正也是相对而言的。

2012年,约翰·伯特兰·格登获得诺贝尔生理学或医学奖,大家知道几十年前,约翰·格登上中学时,他的老师是怎样评价他的吗?他的那位老师,一名对教育和科学比较有造诣的专家,曾对小约翰·格登说:"孩子,如果你上大学选择自然科学专业,那将是一种浪费时间的做法,因为凭你的天赋,你完全不可能在自然科学方面取得任何成绩!"而偏偏就是这位被专家级别的老师断定"完全不可能在自然科学方面取得任何成绩"的约翰·格登,若干年后,取得了自然科学的最高奖——诺贝尔奖。莫大的笑话!天大的讽刺!

还有美国惊悚小说天王,年收入9400万美金的詹姆斯·帕特森,他的收入"也不是太多",平均下来,一天也就二三十万美元,换算成人民币,也就合一百多万吧。可是同志们,你们知道吗?他的一位老师当年曾这样说他:"长大后,你要想赚钱,千万不要写小说。"

再如大家所熟知的世界钢琴巨星郎朗。郎朗九岁那年,一心想让郎朗在音乐(钢琴)方面有所成就的、望子成龙的"狼(郎)爸"郎国任,做出了一个艰难且痛苦的决定,让郎朗的妈妈留在沈阳工作支撑家庭,自己辞去公安局公职人员的体面工作,带着郎朗背井离乡到北京拜一位钢琴名家学艺。没想到几个月后,这位钢琴名家就感觉郎朗不是弹钢琴的那块料,决定不教郎朗了,并当着郎朗和郎国任的面说:"你肯定不会成为钢琴家,你们的决定是莽撞的,你没有未来,我建议你们打道回府,学点儿别的东西。"就是这位被钢琴名家断定"肯定不会成为钢琴家"的郎朗,日后成了国际钢琴巨星,从沈阳到北京,由中国而世界,一路走过来,创造了许多世界第一与唯一。他改变了西方人对中国的成见:"原来东方人、中国人弹钢琴也可以弹得这么好！"他们改变了人们对古典音乐的看法，原来古典音乐也可以成为另一种流行。郎朗成为古典音乐最理想的诠释者和年轻人心中的榜样，他的奋斗历程更是激励、正在激励无数年轻人搏击人生，追求卓越。

这样的例子各行各业各领域都有，物理学家爱因斯坦、发明大王爱迪生、经济学家张五常、漫画家方成、著名乒乓球运动员邓亚萍、篮球"飞人"迈克尔·乔丹……

无数事实告诉我们这样一个道理：**做老师的，没有能力断定学生的未来，更没有权利断定学生的未来！**（掌声）

不相容法则（鲸鱼哲学反应）

老师们一定看过马戏表演，很多人看到动物各种驯服的、滑稽可笑的动作，哈哈一乐，如此而已，表演一结束，回家了，过几天或一段时间，自然也就淡忘了。我告诉大家，我看马戏表演与一般人看马戏表演有点不一样，每每看到精彩处，我就想，我们做老师的，如果能够将驯兽员训练动物的那一套理念和办法学习、借鉴过来，用来教育学生该有多好。一个人的行为，是由理念和思想决定的！有什么样的理念和思想，就会采取什么样的行为。因此，演出结束，我并不急着走，而是留下来，帮助那些走村串巷的底层演职员（驯兽员）整理道具，与他们套近乎，软磨硬泡恳请人家教我几招。起初人家不答应，因为同行是冤家嘛，人家担心我弄清楚怎么回事之后，回家买几只猴子驯一驯，抢他们的饭碗。

最后，我诚恳地乞求一位驯兽员："师傅，求求您啦！您就教我两招吧。您知道我是干什么的吗？我是一名人民教师，是为咱们国家培养下一代的。"我甚至还利用刊有我的照片和文章的杂志证明身份。经不住我的软磨硬泡、苦苦讨教，人家向我透露了几招，被我拿来教育学生，效果实在是好！这里向大家介绍一招：不相容法则。

什么是不相容法则呢？通俗点说，世上只有一个我，现在我在北京，就不可能同时在河南。人家举例一说，我就明白了，但是，为了使自己的理解更深刻、更全面，应用起来更熟练，更得心应手，记得当时，我揣着明白装糊涂，非要人家再举例详细解释。驯兽员果然上当，好为人师的缺点立即表现出来，他说："就拿驯老虎来说吧，你想让它做这个动作,不想让它做那个动作……"我问:"怎么办?"他说:"一旦老虎做你不希望它做的那个动作,你看到了就假装没看到,转身离开,任它做,任它狠命做,累死都不要理它;一旦老虎做了你希望它做的那个动作,立即走上前去,奖励它一块鲜肉、一只活鸡、一只活羊……用不了几天,老虎就喜欢

感悟驯兽智慧

做你希望它做的那个动作,而再也不会做那个你不希望它做的动作。因为它也不傻!做那个你不希望它做的动作没意思,做你希望它做的这个动作有肉吃,有鸡吃,有羊吃。当然,老虎为了吃肉、吃鸡、吃羊,天天做人们希望它做的那个动作,也就没有了时间和精力做你不希望它做的那个动作,甚至忘记了那个你不希望它做的动作,更甚者,连做那个动作的想法也没有了。您说是吧?"

同志们,你们看,当我们把自己的姿态放低的时候,智慧之水就会从高处源源不断地向我们涌来,滋润我们,涵养我们,此之谓"满招损,谦受益"。

其实驯兽员给我讲的这个不相容法则,在心理学上还有一个专有的名称,叫作**鲸鱼哲学反应**。它的具体内容是:**"发现别人做正确的事情,及时加以表扬和鼓励。"**

回到教育中来,老师们想想看,我们身边是不是也有很多这样的老师,这样的班主任,他们不是发现学生的优点和长处及时加以表扬和鼓励,而是学生哪一壶不开,偏要提哪一壶,正好违背了心理学上的这个鲸鱼哲学反应原理,违背教育的规律做教育,怎么能取得好的教育效果呢?这样管理、教育学生,这样做班主任、做教师,不因违背教育规律而受到惩罚就不错了,怎么能不累、不烦、不苦恼呢?

不让心中长杂草，
最好的方法是种庄稼

所以段惠民说："如果我们不想让孩子们的心中长杂草，那我们就可以利用不相容法则，在孩子们的心里种庄稼，种优质的棉花、大豆、水果、蔬菜。"

下面，我就向大家汇报，我是怎么样在孩子们的心中种庄稼的。

发现学生想自杀

也就在我了解了不相容法则（鲸鱼哲学反应）没多长时间，2006年4月25日，我们校长向我招手，让我接任初一年级一个班的班主任。

刚上任十多天，5月8日，班干部送来了全班同学写给父母的信，每个学生一封。

是这样，当年五一节，七天小长假放假前，我们居住地的开封市教育局、关工委、团市委、邮政局和中国人民解放军驻开封第155医院等几家单位，联合发起、举办了"给爸爸妈妈的一封信"免费投递活动：他们共同出资，特制信纸，信纸正面填写收信人地址、姓名、寄信人地址，背面空白，用于书写内容，让中小学生趁假期跟父母说心里话，写好后，一折即成一信封，而后，他们免费邮寄。当然，解放军医院和邮政局有趁机做广告、拓展业务的想法，但教育局、团市委和关工委，是想利用这种方式加强亲子沟通，以教育青少年。市区县各学校都积极响应，我们学校也不例外。考虑到，我刚接手这个班，正需要了解学生心理等方方面面的情况，更想到，学生写给父母的心里话的信件，如果能保留在自己手中，多翻一翻，多看一看，对我了解、研究这个年龄段青少年的心理，也是不可多得的第一手鲜活资料。于是，我打算让学生将写给父母的信，重新抄写一遍，之后，一份上交，一份归我留存。可是，学生好不容易盼来一个小长假，本来，有的学生为了多玩一会儿，写信就是应付，好不容易完成了假期布置的写信任务，如果我到班里要求学生再写一份，大多数学生不会太乐意。于是，我认真思考一番，揣摸了几个名正言顺的理由："同学们，我们写信的目的，就是希望你们的爸爸妈妈看了以后，能更加理解我们，给我们更多的尊重和自由，如果写得不认真、不整洁，爸爸妈妈看不清、看不懂，咱不就白费工夫了，是不是？""一部分同学的信写得还说得过去，不过，有的同学将收信人写成'爸爸''妈妈'，我觉得不合适，你们说是不是？""还有的同学，将邮寄地址写成了发件人的地址……""还有同学感觉内容写得有遗漏，想补充一下，是不是？""所以，个别学生的信需要重写"……

立即，几位写错收信人地址的学生申请重写，写错称呼的几个学生要求重写，感觉内容写得有些遗漏的学生也要求重写……学生越是申请重写，我越强调，除非写得非常不成样，才可以再申请一张信纸，因为印刷这样精美的信纸成本较高，不能浪费。这一强调不打紧，那些本来写信写得比较好，或者写得很好的学生也要求重写，因为他们感觉大多数同学都申请了，都能得到一张较贵重的信纸，自己不申请，就吃亏了。

在这里向各位师长坦陈、插叙一下，我这是在利用逆反心理效应做学生的工作。很多次报告间隙或结束，都有同仁来问我："段老师，学生逆反心理强，怎么教育？""是呀，段老师，我班有个学生，逆反心理特别强，你让他向东，他偏向西，你让他打狗，他偏去撵鸡。这样的学生咋对付？现在的学生真难教育！"

其实，朋友们，我感觉越是逆反心理强的学生越好教育，如果真正掌握了逆反心理，这样的学生其实最好办。他不是逆反心理强嘛，不是你让他向东，他偏要向西嘛，如果你真希望他向东，你假意拉着他向西不就得了，他一逆反，不正好实现了你让他向东去的真正目的了嘛！

与大家分享香港凤凰卫视高级策划、主持人王鲁湘采访当代著名书法家、书法教育家欧阳中石的几段对话：

王鲁湘：您小时候应该是在济南跟着武岩法师学习书法吧？

欧阳中石：是的，他严厉得很，不苟言笑，我很怕他。

王鲁湘：听起来好像是个凶和尚。

欧阳中石：不是凶，是严肃，凶恶和严肃截然不同。他一严肃，我心中由衷地生出一股敬意，就自然地沉下心来。

王鲁湘：不怒而威。

欧阳中石：是。他的任何一句话，我都会很深刻地记在心里。我拿了自己的字给他看，他看了之后说："哎呀，你还不会写。"我当时心里想，我在农村已经给人写过太公祠之类的了，怎么就不会写？他说："这样吧，我教你，你到我这儿来学，我这儿有笔，但纸我不供应，你拿钱来，我给你纸，用我的纸，你用的纸都不行。"

王鲁湘：要用好纸。

欧阳中石：要用宣纸。我想，宣纸贵得多呀！他一说要收我钱，我头就大了。

王鲁湘：比外边卖的宣纸贵吗？

欧阳中石：不知道，他只说你下次要带多少钱来。我说好，以为一次交够就行了，谁知一次就给一张宣纸。他叠好后裁成六块给我，说："就这么大，你看着我写。"我很认真地看，心想我给了你那么多钱哪！

王鲁湘：不认真看不行。

欧阳中石：我是孩子嘛，有些顽皮心理，当时家境也不好，要凑钱给他，心里觉得这个出家人爱财呀。（其实，武岩法师收我的学费，背地里都还给我母亲了，只是以此刺激我认真习字。）当时那个心理就是，你要是不让我看，我吃你的心都有。我好好看他写完了，然后拿着纸到一边去，不敢写了。

王鲁湘：太贵了，一笔下去写坏了怎么办。

欧阳中石：我知道宣纸的特点，一下笔，墨就摊开了，写不好就糟蹋了。就这么一小块纸，我很久很久下不去手。一会儿，他过来了，我交了张白纸。他怒了，桌子一拍，"你干什么来了？"他面色铁青，我看着害怕。他说："你这样怎么对得起你家长？我给你写了半天，你一笔都不写，走吧！"我刚要出门。他又说："回来！回家不许写。"我出去后赶紧朝家走，心里想，你不让我写我就不写呀？我非写不可！我回到家摆开纸就写了。写完后，我觉得很奇怪，我写得怎么跟他不太一样啊？我得看看到底哪儿写得不一样。我就从最后那个点开始研究，可那时已经恍惚了，细节记不清楚了，只好盼着下个礼拜快来，交钱我也认了。

第二周我又去了，交了钱，他拿出纸来，还不说话，又写。我说："老师，能不能让我还写原来那个字？"他把笔一放，把纸给我，让我去旁边写。我仔细地看他写的那张纸，我怀疑的那几个地方证实我第一遍记得不错，于是就开始写……

所以,各位师长,我们学习"兵法"是为了用,是为了古为今用,洋为中用,学以致用,物尽其用,人为我用,活学活用,这样,我们才能举一反三、闻一知十,博观约取、兼收并蓄,我们才能

> 作为班主任，不要担心、害怕学生出现这样那样的问题和矛盾。出现问题和矛盾是正常的，没有问题和矛盾是不正常的。问题和矛盾不仅不是，至少不仅仅是，并且不应该成为我们体累、心忙、烦恼的症结，反而促成我们思考教育、感悟教育、提高自己的教育教学水平和技能，是我们从必然教育迈向自由教育的催化剂，是丰富教育的沃土，是我们专业成长的必由之路。

化繁为简、化难为易、去伪存真、去粗取精，我们才能由表及里、由此及彼、普遍联系、触类旁通，我们的学习才有深度，才有意义。我们不能本本主义、教条主义，也不可经验主义、官僚主义，如果一个老师仅限于知道逆反心理这个术语，而不考虑应用，不去应用，应用欠妥，不会应用，充其量只能叫知道、了解，根本谈不上理解和懂得，更谈不上掌握和运用。你们说对吧？

"这样吧，既然同学们都要求重写，那你们认真自习，我去德育处看一看还有没有发剩下的、多余的信纸。如果德育处还有剩下的，而且足够咱们用，那太好不过了，可是，如果只有一张，咱先说好，就给第一个申请的同学，如果有两张，就给最先申请的两位同学，依次类推，好不好！"

"老师，你快去吧，别让其他老师占了先机。"

我到德育处取来了足够的信纸，但是，我只数出 34 份（我班共有 37 名学生）带到班里，其余的都被我放到了办公室。

"同学们，我很高兴地告诉大家，经过段老师软磨硬泡，德育处的郭校长，将剩下的一沓信纸全都给了我，其他老师再去，嗨嗨！对不起了！"

"谢谢段老师！"

"不用谢！"

结果，发到还剩下三个学生时，信纸没了。三个没有拿到信纸的学生非常遗憾，直呼倒霉，后悔自己没有提前申请。

之所以这样做，就是要让全班学生都认识到，今后再搞什么活动，一定要冲在前面，永远要当排头兵；也让拿到信纸的同学倍加珍惜机会，写信更加认真！

"你看，啧啧，咋就差几张呢，多气人！也好，你们三位同学就不用写了。"

"老师，其他同学都重写一遍，写那么认真，我们……"

"要吸取教训哪！以后开展什么活动，你们要反应快些，要积极呀！哎，别急，也许其他班主任那里能有多余的，等我去看一看。"

"谢谢老师，你快去！"

我到办公室喝了口水，带上三张信纸回到教室。三个学生既感谢段老师，又在心里想，一定珍惜信纸，把信写得更认真！（掌声）

阅读着学生写给他们父母的信，我的心情随着学生的喜怒哀乐上下起伏。突然，一段话吸引了我的眼球，把我的心提到了嗓子眼。"爸爸妈妈，每当我学习累了，想休息休息，出去玩一会儿的时候，你们总是说，我班某某同学现在可能在干什么，我班谁谁可能在学习吧……我真恨死这些学习好的学生了，恨不得让他们在这个世界上永远消失……我天天起床就学，学了吃，吃了睡，睡了起……即使我考上博士，拥有一个国家，又有什么意思呢？活着真不如死了好，死了也就解脱了……"

接着，我又从另一封信，看到另一个孩子也表露出了极其灰色的心态——"假如有一张床，我躺在上面一直沉睡下去，该有多好！"

倏地，我的脑海中掠过两则曾经看过的信息：

2004年，北京大学儿童青少年卫生研究所在北京随机调查发现，中学生中特别想自杀的比例占到17%左右，曾做过自杀计划的约占5％左右。

在互联网上搜索"中学生自杀"，便会显示出几十万条信息。曾看过一则由卫生部发布的信息：15岁到34岁年龄段的人死亡的第一原因，不是医学上束手无策的疑难杂症，而是自杀，并且自杀者越来越低龄化。

我不由得出了一身冷汗！

我不能等邮递员将信送到孩子的父母手中，万一邮寄的这段时间内，这两个学生中哪一个一时想不开，做出偏激的、让我们意想不到也不愿意看到的事情，后果将不堪设想。尽管我才接班一个周，尽管我手中有学生的信和资料，我不需要承担什么责任，学校也不需要承担太大的责任，但是，这都是小事！一个本来活泼可爱的孩子一旦出事，这给家庭和社会造成的伤害和损失，是无法挽回的！

我非常焦急，怎么样才能把阳光洒到孩子们的心田，驱散他们心中的阴霾呢？

苦思冥想之际，不相容法则（鲸鱼哲学反应）浮现在脑海，我眼前一亮，计上心来。

给学生心灵种"庄稼"

经过一两天的深入思考、认真准备，我来到了教室。

有的班主任进教室，生怕学生不知道，大呼小叫，结果时间长了，自己跟学生说话便（变）成了大嗓门，常常感觉当班主任累，当班主任烦。其实，别说是班主任进教室，就是其他老师或者任何一个人进教室，学生们都知道，别看他们正在安静地上自习。因为，学生学习再专心也总有学累了调节一会儿的时候，更何况，个别贪玩的学生，总在东张西望，甚至通过教室门上猫眼的一明一暗，就知道班主任在往室内观望、窥探，一旦发现情况，马上会发出"预警"。同志们说是不是这样？

了解这样的情形后，我总结了一个小窍门，进教室从来不高声，只要细语慢声地说话，学生马上就会把目光聚焦过来。你看，我轻轻地推门进来了，"同学们，请把手中的工作停一下，我讲几句话。"只这样温柔的一声，便有百分之四五十的学生抬起头来，剩下的学生，有的可能打算写完作业中的最后一个词语、一个公式就抬头，还有极个别的学生，本来就不打算答理我，而这时候，我也

只需要温柔地再补充一句,"孩子们,你们知道吗?"至少百分之九十五以上的同学都会抬起头来。(作学生抬头状,听课老师笑)

"孩子们,你们知道吗?接任你们的班主任这几天,我既没有吃好饭,也没有睡好觉。"

各位师长,您留意我说话的特点了吗?对,我每说完一句话都会稍微停顿一秒半秒,这是我感悟生活中的智慧——画家创作时留白,反思师生沟通语言的结果。多年来,很多老师听过我的演讲与我交流:"段老师,我特别特别热爱教育,特别特别热爱学生,但是效果非常非常不理想,非常非常不如意。我苦口婆心、唇干舌燥地给孩子们讲道理,可他们却心不在焉,一个耳朵听,一个耳朵冒……"

我说:"请恕我直言,以你这样的方式说话,嘴像机关枪、连珠炮,孩子们不可能听得太清楚,大部分、大多数学生会一个耳朵听一个耳朵冒。你看,你第一句话说出来,孩子们还没听明白,还没来得及思考,你第二句话又出来了,为了听清第二句,第一句冒了,为了听清第三句,第二句冒了……直到你说完最后一句'放学',不再说了,孩子们才总算听清一句'放学',然后挎书包走人。你说是也不是?所以,与孩子们交流时,语速要慢一些,一定要慢一些,给他思考、感悟的时间和空间,才能达到说话的目的、教育的目的,是也不是?"

也有优秀的老师问我:"段老师,你做报告、演讲时掌声一阵又一阵,而我演讲时掌声极少,为什么?"

"我听过你的报告,比较精彩,只是语速过快,人家听课的老师正要鼓掌时你下一句话出来了,为了听清,他伸出的手停止了动作。你看我演讲时就比较注意语速,甩出包袱后便作停顿,随即掌声就会响起来。"说完上面这句话,立即停顿。(掌声)

我这个新班主任上得台来,冷不丁甩出这么一句,学生都很

> 与孩子们交流时,语速要慢一些,一定要慢一些,给他们思考、感悟的时间和空间,才能达到说话的目的、教育的目的。

惊讶，估计百分之八十的学生都会这样想：一定是哪个调皮捣蛋的同学又惹事让段老师挨校长批评啦，今天就等着段老师批评我们吧。他们怎么也不会想到，段老师会接着说："孩子们，接任你们的班主任这几天，我既没吃好，又没睡好，为什么呢？因为，段老师太高兴了，咱们班的任课老师都告诉我，咱们班同学，一个一个可棒了，各方面都比较优秀，尤其是讲故事讲得特别好。"

听了我故意放慢语速夸奖他们的这几句话，同学们回味、意识到，原来段老师吃不好睡不好是这么一回事，表情放松了，大部分孩子都挺起了胸脯，有几个学生还很自豪地说："那是！"

"就是！我们就是优秀，就是棒！"

"我们故事当然讲得好！"

"段老师，哪个班的学生讲故事都讲不过我们班的同学。"

"但是，同学们，我只是听说你们故事讲得好。"

"那我们讲故事给你听听。"

"好哇，哪几位同学愿意讲给老师听？"

几个学生立即举起了手、喊出了口，我一煽风点火，越来越多的同学举起了手，全班学生都要讲，大家争执不下。

有同学建议："来一个讲故事比赛，按程序来。"

"好哇！如果我们班搞一个讲故事比赛，段老师就可以欣赏到每一位同学讲故事的风采，那实在是太好了！"

"老师，比赛的话，大家所讲的故事要统一才公平。"正中段老师心怀。

"哎，对，要比赛，就要公平，我们应该讲同样的内容，统一故事。"

"对！是应该统一故事。"

话音未落，有一个学生举起了一本故事书："老师，用这本书上的故事吧，可有意思啦！可好啦！"

"不行!"全班同学马上回应,"老师,那本书上的故事,他早就看过了,他感悟深刻,不公平,不行!"

"老师,用我这本书上的故事吧?"另一个学生又举起一本书。

同学们又一阵哄堂大笑:"用人家的书有读过的嫌疑,用你的书不也一样嘛!"

"不一样,这是我刚买的新书。"

"新书也不行,说不定,你早买过这本书,把上面的故事都读熟了,把书读破了,特喜欢,又买了一本新的呢!"

就在同学们争持不下时,我从讲桌下拿出来一本书,拿在手中,在空中晃来晃去,貌似也在帮学生出主意、想办法。"就是,应该统一故事,最好找一本大家都没看过的书。"

我拿着书在同学们面前比画过来,比画过去,忽然,有一个学生喊:"老师,您手中拿的什么书?"

"啊?啊,故——故事书。"

"老师,用您手中书里的故事比赛不就公平啦。"

"对,老师,为了公平,用您拿的那本书!"

"同学们知道我拿的什么书吗?万一某个学生手中有这本书怎么办?"

"没看到是什么书。如果个别同学有这本书也没关系,谁有谁幸运!这叫先酒后拳。"

"同学们同意吗?"

"同意!"

"都同意?"

"同意,都同意!"

"大家如果没有这本书怎么办?"

"买!"

"借!"

"就这样定了?"

"好,就这样定了。"

"好!"

我打开了手中的书——《爱的教育》,意大利的大教育家亚米契斯的教育名著。这本书是用儿童的语言写的,适合小学高年级学生和中学生阅读,而且书中每一个小故事都独立成篇,每一个小故事都是对学生某一方面,甚至多方面的教育,比如爱国主义教育、集体主义教育、热爱劳动教育、珍爱生命的教育等等。

于是,全班同学或买或借,人手一册,每到周五下午放学前,班干部都会按照我的授意,布置下周班会要讲的故事。孩子们为了下周在我这个新班主任面前展示自己的风采,于是乎,回家写完作业,就读起了《爱的教育》。

各位师长,您说,学生每天读《爱的教育》,他们从书中一个又一个小故事里受到的方方面面的教育会少吗?会不深刻吗?读书的时间多了,调皮、捣蛋的时间也就相应减少了,还顺便提高了阅读、理解、分析、归纳、提炼以及演讲等方方面面的能力。当然,更使孩子们在不知不觉中受到了深刻的热爱生活、珍爱生命的教育。您说是不是?

这是不是一石 N 鸟哇?

隐藏意图 潜移默化

讲故事比赛进行得非常顺利,效果非常好。

两三个周后,为了扩大战果,取得更多、更大、更好的教育成效,一天,我又开始煽风点火:"同学们,你们故事讲得怎么那么棒啊?!"

"当然。"学生看我表扬他们,也无拘无束起来,"老师,我们

> 一个孩子进学校并不意味着接受教育。只有当他面对一本书沉醉不已的时候,教育才刚刚开始。
> ——苏霍姆林斯基

当然讲得好！""老师，前几天我们没吹牛吧！"

"孩子们，正因为你们故事讲得那么好，我才有了一个新的设想。孩子们，听说过于丹、易中天吗？"

"听说过,《百家讲坛》的主讲人。"

"长大后想不想像他们一样？愿不愿意像他们一样？"

"想，当然想，太想了！"

"愿意，当然愿意……"

"想是想——可是我们不——能！"

"就是，我们哪有那本事？"

……

学生表现出了不自信，甚至自卑的情绪，一个个低下头来。我及时抓住这个契机，按教育往届学生的惯常做法和套路，教训、斥责起学生来。

有老师可能会说，孩子们本来就自卑，这种时候怎么能批评教育，甚至教训斥责呢？

学生自卑的时候，怎么就不能批评教育、斥责教训啦？

事实上，只要我们做老师的、做班主任的善于动脑筋，随时都可以教和育，随地都可以教和育，随事都可以用来教和育，教育契机俯拾皆是。我个人认为，**不论是表扬、鼓励、批评，还是训斥学生，或者以何种方式方法表扬、鼓励、批评、训斥学生，都要以树立信心、培育心灵，也就是说以有利于学生健康成长为宗旨,为原则**。不必拘泥于某某专家所传授的"表扬学生要大庭广众、大张旗鼓、大肆宣扬，批评学生要在私密场合，私下进行"的教条，要具体问题具体分析，要活学活用，要学活用活。

像今天这样的情形，只要班主任教育得法，训斥学生照样可以取得好的教育效果——既可以树立学生的信心，还可以显示班主任的"威风"，增强班主任的威信。

> 当学生感觉不到老师在教育他时，老师对学生的教育才是最有效的教育。

我当时这样教训学生，显示自己，树立威信："你、你、你们，一个一个把头给我抬起来，把头抬起来！看看你们一个一个那个熊样！咋就不行了呢？"

"怎么这副熊样！"

"啊？！咋就不行了？！"

"孩子们，咋就不行了！咋就不行了！！！"

"你们想想看，于丹、易中天老师，不也是从小学、中学、大学，再到大学教师、主讲人，一步一步走过来的吗？"

"当年他们求学时，他们见过、使用过电脑吗？他们有咱们这样好的学习条件吗？他们成长的条件能赶得上你们，有你们优越吗？"

看孩子们因被我训斥而心情紧张不放松，而且仍然不自信、不乐观，我又跟孩子们开起玩笑来："再说啦，于丹、易中天上中小学时，是你们的段老师当他们的班主任吗？他们的班主任有你们段老师棒吗？"

学生会意，哈哈一乐，我趁机煽风点火："愿不愿意在你们优秀的段老师的指导下试试？"

"愿意。"

"信心不足。"

"愿意！"大家异口同声地响亮回答。

"好！下个学期，我们班也开展一个百家讲坛活动。"我貌似随意，看似临时做选择，临时做决定一样接着说，"内容嘛，哎，小李同学，那天你拿的什么书来着？"……"噢，这本书挺好，挺好！"……"小赵同学，那天你拿的什么书来着？"……"噢，这本书也挺好，也挺好。"……"哎，这两本书都还挺便宜哈。（这句话，是我思考两天，设计的一个噱头）咝，再便宜也得花钱买。啊，这样——啊——要不——咱们还用《爱的教育》那本书吧，我们现在人手一册，不用花钱买了，也不用借了，而且这样内容还统一、公平。大家认真阅读《爱的教育》，提炼出自己的主题，用书中的素材作为论据，制作出 PPT。到时候咱们投票选出演讲优胜者。我去跟校领导商量，在召开全校师生大会时，把你们的爸爸妈妈、叔叔阿姨都请来，让优胜者展示自己的风采，好不好？"

"好！"

"就用《爱的教育》吧！"

"我们也阅读了几个星期了，理解也更深刻些。老师，还用《爱的教育》吧！"

孩子们果然上当！

"同学们，请记住，咱这次百家讲坛活动，不限制名额，谁讲得好，就给谁提供机会，让谁展示自己的风采！一定的！请相信你们的段老师有能力说服校长！"

"好！"

我之所以说下个学期，而不说下个星期，或者明天，是想给学生更多的准备时间，让他们在几个月的准备——阅读、思考、感悟过程中，受到更多《爱的教育》的熏陶、润泽和滋养。之所以有意表现出思考过来思考过去才决定用《爱的教育》的状态，是不想让学生感觉到我是蓄意这样做，从而使教育效果更好。

所以，段惠民说：**"当学生感觉不到老师在教育他的时候，老师对学生的教育才是最有效的。"**

大家看，这位学生演讲的题目是"感悟爱的教育——让心灵接受一次爱的洗礼"；

这位同学演讲的主题是读《爱的教育》，谈如何交友，题目叫作"近朱者赤，近墨者黑"；

这位同学的演讲题目是"从《爱的教育》中领悟礼仪美";

这位同学演讲的题目叫作"读《爱的教育》，学习爱国精神";

尤其这位同学，她演讲的是"读《爱的教育》——领悟生与死的价值"。

各位师长，您说，演讲的学生，通过这个话题的阐述，是不是对自己，也对全班同学，特别是对那两个思想低沉、心灵阴霾深重的学生，进行了一次自然的、形象的、有趣的、生动的、深刻的热爱生活、珍惜生命的教育？

这次百家讲坛活动，不仅教育效果好，一石多鸟，而且，在整个过程中，我这个班主任既轻松自如，又潇洒快活，您说是吧？

班主任要善于煽风点火（一）

学生思想观念的转变，是一个缓慢地被教化、被感染、被熏陶的过程，是一个潜移默化、自我觉悟的过程，不是一蹴而就的，不可急功近利！

除了开展百家讲坛活动——阅读《爱的教育》、演讲之外，我还带领学生搞了很多丰富多彩的、生动有趣的，孩子们喜闻乐见又易于接受的班级活动，活跃课余生活，愉悦学生身心，陶冶学生情操，使学生潜移默化、自然而然地受到热爱生活、珍惜生命之教育。

右图是我带学生春游的照片。

我是怎样组织学生去春游的呢？

眼看放学时间就要到了，我来到班里装模作样地安排两件小事之后，貌似随意地说："哎，同学们，而今春回大地，万物复苏，阳光明媚，鸟语花香，这周末，段老师没什么事，打算去踏踏青，到田野里游玩一下，亲近一下大自然，与春天吹吹牛、叙叙旧、友谊友谊、交情交情，

参观"毛泽东视察张庄学校纪念亭"

不过，一个人挺孤单的，想找一两个同学一块儿去，不知道有没有同学愿意陪我去？"

请同志们注意，我可没说带全班学生去春游，是也不是？

大家都清楚，中小学生是很辛苦的，他们一周五天在学校苦读政史地，深钻语数外，周六周日又要在家长的鼓励、诱导、催促、

驱赶、监督甚至强迫下，参加各种文化补习班、兴趣班、特长班，学唱歌、学跳舞、学敲锣、学打鼓，整天忙得团团转。听我那么一说，同志们想想看，全班学生会有什么反应？

我的话音未落，全班学生已经举起了手。我想他们心里一定在暗自高兴：可找到一个拒绝父母"培养自己"的机会，找到一个跟着段老师外出游玩、与同学结伴游玩的好机会了。

"老师，我愿意！"

"老师，我陪你去！"

"老师，我们都想去！你带我们春游多好！"

"老师，带我们去吧！"

"哎哎！不不不！谢谢同学们！我只打算找两个同学陪我一块儿去！哎，刚才谁最先举手来着？"我故意扯远话题。

"老师，我！"

"我！"

"我！""我！""我！"……

同学们七嘴八舌地呼喊、争吵起来，班里乱成了一锅粥。

"老师，我们都想去，带我们都去呗？""就是！""就是！带一个也是带，带一群也是带。"……

"那哪行？不行不行！"学生越求我，我越不同意，越说不行。我越说不行，越不同意，学生愿望越强烈，越求我。

那天，我越说不行，越说只带一两个学生去春游，学生就越希望我带他们去，他们的愿望就越强烈，意志就越坚决！而我后面的工作也就越容易开展，就做得越顺利！

"老师，为什么不带我们都去，为什么不行？"

"为什么不带你们都去，当然有原因。同学们想想看，你们这个年龄段的青少年，活泼好动，万一有个别学生不听话，摔着胳膊扭着腿、磕着碰着，我怎么向你们的父母交代？"

"原来是这样。老师，那你放心吧，只要你同意带我们去游玩，我们一定服从命令听指挥！"

"就是，我们一定守纪律！"

"老师，我们一定听你的话，求你啦！"

同志们，作为班主任，我可没说让学生守纪律，他们这样一番争取、保证之后，要真带他们去了，你们说学生会不会服从命令听指挥？一定的！大家想一想是这样做好，还是老师先宣布带全班学生去春游，再要求学生遵守纪律效果好？

"别光说好听的，同学们，静一下，我作为班长，代表班委会，发表一下看法。这一次如果哪位同学保证说到做到、遵守纪律，咱老师同意带咱们大家去春游啦，但春游时却没能做到，那么，今后，段老师再带咱们班搞什么集体活动，你一律靠边站，就是段老师同意，班委会也决不通过，班委会同意吗？大家同意吗？"

"同意！"

"那好，真正能说到做到的同学，请再次举手！"

唰！全体同学都迅速有力地举起了手。

"好吧，同学们，既然大家要求这么强烈，又都表示春游过程中听老师的话、守纪律，那好，我尊重你们的意见，这个周末，我就带你们去春游！"

"谢谢老师！"

"不用谢！哎，对了，那个——小刘同学，我看你就别去了。"我故作严肃地对身体瘦弱、矮小的小刘说道。这可把小刘同学急坏了，小刘同学立即面带疑惑、满脸不乐地抱怨起来："老师，刚才不是说都去嘛，为什么又单说不让我去？"

"小刘同学，老师不是因为别的不让你去，而是因为爱护你才不让你去。你看，春游时，我们早晨八点出发，少说也得到下午四五点才能回来，来回要走二三十公里，我看你体质稍微弱一些，老师担心,同学们都能坚持走回来,你坚持不了。"

"就是,我们都不怕苦不怕累,能坚持走回来,你能吗?"全班同学接着喊起来。各位老师,您说,我是不是表面与小刘同学说话,实际又动员了全体学生一把?

"老师,您放心,只要让我去,我一定能坚持到底!"

"别别,还是别去了!真的,你身体不是太强壮,说是一回事,做是另一回事,你说你能坚持到底,真走起来,两三个小时之后,说不定你就走不动了,荒郊野外,连个公交车都没有,搞不好,我还得背着你回来。你还是别去了,等以后再搞不太需要体力的活动你再参加,好吧?"貌似在与小刘同学商量,其实,我是给全班学生做工作,您说是吧?

"老师,你别小看人,只要让我去,老师你放心,我一定能坚持。万一走累了,即便有公交车,我也不坐,更不要说让你背着!"

"那——好吧!"我嘴里答应着小刘同学,心中暗自高兴,这正是我要的效果,我就是希望全班同学都听一听小刘同学表这样的决心。

尊敬的各位师长,您说,学生都听话、守纪律了,不就减少了不安全的因素和可能,咱当老师的不就省心啦。学生春游过程中有说有笑有蹦有跳有打有闹,自然就会忘却那些消极的念头和想法,教育目的是不是也就顺理成章地得以实现了?

跋涉了两三个小时,部分学生的情绪开始低落,有些懒洋洋的,有些学生走起路来无精打采、一瘸一拐的。我适时走到他们中间,看似不经意地大声逗他们:"同学们,出来游玩高不高兴?累不累?"同学们回答着"高兴、不累"的时候,走起路来就又有了力度和精神。各位老师,您说,这样春游一天下来,是不是顺便又培养了学生的毅力?

所以,段惠民说:"**德育寓于活动之中。换句话说:没有活动,**

就没有有效的德育。甚至可以说，没有活动，就没有有效的教育，就没有教育。"

各位师长，现在我问大家一个问题："谁敢带学生外出游玩、外出活动？请举手。"

"那么多老师，为什么没有人举手？都不敢带学生外出？"

"对，怕出安全问题！"

那么各位师长就会问啦，也可能早就心存疑问，段老师，你怎么敢带学生出游？你就不怕带学生外出时出现安全问题？你就不怕出了安全问题自己承担责任？

说实话，同志们，我和大家一样，当然也担心出现安全问题，更怕出了安全问题自己承担责任，而且连累学校和上级教育主管部门。但是，不论做什么工作，我们都不能因噎废食，都不能投鼠忌器，就像不能因为出了一次机动车交通事故，就禁止所有机动车辆通行一样，是不是？生活和工作中遇到问题时，正确的态度和做法应该是，积极地想办法，考虑对策。一旦想出了应对问题的办法，我们是不是就在解决了矛盾和问题的同时，也使自己变得更智慧？

关于带领学生游玩，安全问题如何化解，后续案例中有详细讲述，这里先不啰嗦。

老师们，你们看这是什么地方？我带孩子们到哪里去旅游了？对，这地方是一百多年前，英法联军侵略、践踏中国，洗劫、火烧北京圆明园留下的断壁残垣，是历史的见证、国人的耻辱。让孩子们身临其境，亲身感悟，是不是要比课本学习来得更为真实、深刻？

残垣断壁圆明园

班主任要善于煽风点火（二）

为了进一步在学生的心里种庄稼，洒阳光，一天，我突发奇想，打算利用暑假，带孩子们去游览祖国的名山大川、都市风光，让孩子们感受外面的精彩世界，让孩子们在游玩过程中一说一笑，一蹦一跳，把烦恼忘掉，从而让孩子们感悟生活的美好，更加热爱生活，珍惜生命。

这一天，我走进教室："同学们，今晚打算召开家长会，别忘记通知你们的爸爸妈妈哟！"

"哎，同学们，马上要放暑假了，你们打算怎样度过这个假期，让它既快乐又有意义？有什么设想？"

不等我把话说完，有学生就开始喊叫："老师，去年我爸爸妈妈带我去云南西双版纳旅游，可好玩了。"

"老师，去年暑假，我妈妈带我到哈尔滨、大连转了几天，就是好玩。"

"老师，这几年，每放暑假，我爸妈都带我出去旅游……"

……

学生争先恐后地显摆，没几分钟，就听见有学生开始埋怨起来："旅游好是好，就是跟爸爸妈妈旅游，太受拘束、限制，不自由，想干什么不让干，不想干什么偏让干。"

"就是，就是，我爸爸妈妈也是老管着我，跟爸爸妈妈旅游就是不自在……"

"老师，您尊重我们的意见，您带我们旅游行吗？"

"对，老师，您带我们去旅游吧！"

"您就答应了吧！您知道，我们都很听您的话，不会让您多操心受累！老师……"

"我当然相信你们遵守纪律，当然知道你们听段老师的话，我主要担心你们的爸爸妈妈舍不得花钱，不同意你们跟我去外地游玩。"

"老师，只要您答应带我们去，我们就有办法让爸妈同意，让他们出钱！"

"老师，爸爸妈妈不出钱，有我们来，您放心，到时看我们的！"

……

这里向同志们坦承，为了让家长掏钱，这样做学生工作的方法，是伟大领袖毛泽东他老人家"教"给我的。毛主席"告诉"我，小段哪，让家长掏钱这个事很好办，你忘了，我以前对全国人民怎么强调来着："谁是我们的敌人，谁是我们的朋友，这个问题是革命的首要问题。"一句话，你搞一下"统一战线"不就行了！

"那好！同学们，今天晚上开家长会，让你们的爸爸妈妈都来，我和你们的爸爸妈妈商量商量。不过，你们只通知他们开家长会，不要告诉他们我们打算去旅游的事，以利于我做你们爸爸妈妈的工作。能做到吗？"

"能！"

家长会上，我按部就班、煞有介事地讲了几件事，在家长会即将结束的时候，我若有所思地轻描淡写地说："同志们，马上要放暑假了，怎么能让孩子们在暑假期间生活愉快的同时，又能长点见识，学点东西呢？"

我的话音未落，就有学生家长接上了话茬："读万卷书，不如行万里路。要说让孩子学做人，长见识，莫过于趁假期带孩子去旅游。"

> 为了学生，相信学生、发动学生、发展学生、成长学生，成就学生，是班主任工作的基本点和落脚点。

"老师，去年，我带我女儿到上海去旅游，挺好的。"

"去年，我也带孩子出去玩了，我们去了甘肃的敦煌，很有收获。"

尊敬的各位师长，我可没说旅游的事，是学生家长自己提出来的。那么后面的工作，咱们当老师的不就掌握了主动权，工作不就好开展了！

"段老师，我们家并不富裕，为了让儿子长点见识，通通人情世故，我们去年借钱还是带他去旅游了。可是，我们家儿子不听话，你想让他干什么他偏不干，你不想让他干什么他偏要干，花了钱，还弄一肚子气，气坏我们两口子啦！"

"对，段老师，我们也有这种感受。"

"我们也有这样的烦恼。本来几年前，我女儿立志要考北大的，去年带她到天津南开大学一转，得，不想考北大啦，非要考南开不行！气得我要命！"

"唉！别提啦，现在的孩子都这样，怎么这样难教育？"

"段老师，孩子们最听你的话，你能不能带孩子们去旅游？"忽然，有位坐在前排的家长同志小声嘀咕了一句，正合我心意，可说到了我的心坎上！（笑）但是，她声音也太小了些，大部分家长同志听不到哇，于是，我急中生智，故作惊讶地顺嘴大声回应："什么？你说让我带孩子们去旅游，那哪行？"这一嗓子喊出来，大部分家长都听到了，还真起作用，停了一小会儿，家长们纷纷表态：

"就是，段老师，你带孩子们去旅游吧？"

"段老师，我们出钱，麻烦你带我们孩子旅游旅游，行不行？"

"同志们，带孩子们旅游，你们要花很多钱的！咱们这一群孩子游一圈下来，还不得花费好几万？"我强调的是"万"。

"一个孩子不就两三千嘛！"

"对，一个家庭不就两三千块钱嘛！"

……

各位师长，你看，这样一引导，家长们便感觉两三千好像不算钱了，之后再让他们往外掏钱不就容易啦。

"没问题！"

"段老师，你不要考虑钱的问题，如果你同意带孩子们去旅游，需要多少钱，我们都出！"

"段老师，如果你同意牺牲休息时间带孩子们旅游，你旅游的所有费用，我们给你均摊了！"

"对，我们把你的费用也给掏了！你就带孩子们去吧！"

听我跟大家交流到这里，各位年轻的朋友可能会想：这下我明白了，以后我也这样做学生家长的工作。

各位老师，我这里可告诉您，您照我前面说的那样做，那您还真可能做不顺手、做不利索、做不顺心、做不成功！为什么呢？有个成语叫功亏一篑，我这里还有最后一篑没向大家坦陈呢！

为什么有的老师参加培训、听报告时很激动，回去以后就行动，一段时间之后，却发现跋山涉水学来的方法、千方百计取来的真经并不好用，并不适用，最后不得不回到原来的工作模式，而且还感觉培训没有效果、培训没有用，甚至导致、影响周围的老师参加培训的积极性不高呢？我个人理解，名师、专家所做报告之内容，大都经过漫长的积累、沉淀，浩繁的整理、归纳，反复的筛选、提炼，甚至精心的打造、包装，况且，大庭广众之下，有限的时间内，名师、专家只交流、"炫耀"了自己工作中最精彩的片段、局部或最好、最后的结果，很多关键的步骤、重要的事实以及背后所付出汗水的经历，限于场合或个人胸襟等方方面面的原因，不能也不便多层面地、多角度地、全方位地、完整、系统、全部且详尽地奉献给听课老师，呈现在我们面前的只是实际工作的冰山一角。我这里告诉同志们，今天你们听我的报告，不会是这样子的。因为，我是一位乡村小教师，来自一线，特理解各位年轻同仁渴望成长的心情，清楚地知道你们希望得到什么；而且，我是一个常怀感恩之心的人，大家鼓励我的掌声那么热烈，我怎能不竹筒倒豆子般向大家坦陈呢？（掌声）当然，这也是我备受全国各地老师们欢迎、追捧的原因之一。

那么，这最后一篑是什么呢？

同志们，别看家长会上，学生家长意诚诚、言切切，高声呐喊："我们同意！""都同意！""你旅游的费用我们也给你出！"你们可别忘了当时有一个班主任煽风点火、趁热打铁的情境在，更何况，高声呐喊的也不是全体家长，能有百分之三十的家长这样喊就不错了，你说是不是？真的到会议结束后，掏钱的时候，就是高声喊叫的那百分之三十的家长，可能有的也不那么痛快了。那些没喊叫没举手的家长，他们更不会出钱让老师带他们的孩子去旅游，"家长会上，我又没同意，我又没随声附和"；还有的家庭一时拿不出钱，甚至没有钱，借一家两家没借着，那他们可能就会打退堂鼓，打消念头，就不让孩子去啦……作为班主任，你能有什么办法奈何家长？如果这样，岂不行百里者半九十，前功尽弃，还为以后搞活动留下了障碍，再做什么事情，岂不更难！

我当时的最后一篑，最后一筐土是这么填的？就在一部分家长都同意、支持，都建议、要求我带孩子们去旅游的那会儿，我先表扬、称赞我班的学生家长："谢谢同志们，你们为了孩子的成长和将来，真舍得付出，你们的思想观念太与时俱进啦！你们真是优秀的父母！真的太懂教育啦！好多年前，我的一个同事带的班里，就有个学生家长不太明白这个道理，在中小学生这个年龄段，孩子成长的关键时期，为了孩子的成长不舍得花钱，结果错过了教育的关键期，后来他的孩子入狱了，再想花钱，花更多的钱，都弥补不回来！大家说是也不是？"

"既然家长同志们强烈要求我带孩子们去旅游,那我现在统计一下。"说着,我拿起了点名册,举起了笔,装模作样地要统计,"请同意让孩子去旅游的家长同志举一下手。"

这举手,就是最后一篑,最后一筐土!家长只要举手了,除非极特殊的情况出现,这个钱他就出定了。

各位师长想想看,大部分家长都踊跃举手,个别家长本来正在犹豫,甚至不太同意,但看到前前后后左左右右的家长都举起了手,也只好跟着举手。如果他不举手,邻居、同事、朋友一看他,我眼光一扫他,他好意思?如果他不举手,回家后,他怎么向子女交代?子女该怎么看他?甚至会与他闹意见:"人家爸爸妈妈都支持孩子跟着老师旅游,你为什么不支持我?我一生能有几次这样的机会与同学结伴旅游?"

所以,各位师长,学生家长一旦举起了手,没钱他去借也得交,他不借、不交试试!孩子更让他不安宁:"你不交钱,当着老师和叔叔阿姨的面你举什么手?!我怎么跟段老师去旅游?"(前面已讲过,我早就做好了统一战线——发动了学生)一般家长经不住学生一闹腾、两闹腾,就会乖乖投降。他不投降才怪来!

同志们,我这最后一筐土,向大家坦陈得彻底不?!(掌声)

谢谢大家热烈的掌声!

补上最后一筐土,我还要再夯实夯实,于是,稍一停顿,我又略作为难状地说:"同志们,其实我早就看出来了,你们都愿意出钱让我带孩子们去旅游,只是,我有所顾虑,才找了那样一个理由,没那么痛快地答应大家。说实在话,同志们,我是有些担心,出门在外,那么多孩子,我一个人照顾不过来呀!"

我之所以这样说,是早有考虑的:一、家长们会不会顾虑,如果把钱交给段老师,让段老师一人拿着,段老师往外掏的时候会不会掏不干净——吃旅行社的回扣?二、即使家长放心我的人品,

陪游学生及学生母亲

不怀疑我,那么多钱装在我包里,我还能轻轻松松去游山、玩水、观光,游览祖国的大好河山吗?再说,万一真的丢了,或者被小偷扒窃了,钱是我丢的,你们说谁赔?如果我赔,同志们,咱当老师的工资那么低,用大家调侃的话说,我们操的是卖白粉的心,赚的是卖白菜的钱,做的是太阳底下光没沾到,粉笔"灰"落一身的"光灰"(光辉)事业,咱赔得冤不冤?做智慧班主任,怎么能做这样的蠢事?!

当时,我看似随意地那么一说,立即就有家长就范、发表意见响应:"老师,我愿意多出一份的钱,陪你们去!""我也愿意去帮您!"

唰,唰,唰唰,十几位学生家长举起了手。

在座的各位师长,这样一来,孩子们旅游的费用家长不就乐意出了,不就有人当保管、当会计,不就有人帮孩子录像、拍照,不就有人帮我管理学生,咱不就是"两袖清风"的"甩手掌柜"啦!

当然,我也不打算让举手的家长全都跟了去。如果十几个家长全都跟我们去,孩子们在他们面前肯定受拘束,放不开,玩不痛快,还怎么把灰色的心理甩到九霄云外。再说,十几个家长都去了,管理这些家长还是个事来——有人要去天安门看升旗,有人要去爬长城,我听谁的?于是我灵机一动,真诚地与大家商量:"谢谢大家的支持,不过,如果举手的同志都去,一辆车就坐不下了。再租一辆车吧,咱们就得多花冤枉钱。"

"那段老师,你说去几个就去几个,你说让谁去,我们没意见。"

"女同志心比较细,就去几位女同志吧!"(笑)

"各位师长,您笑什么呀?!您不想想我是个男人,去几个男家长有啥意思嘛!"(笑)

开个玩笑!各位朋友,你们不要笑,你们一笑,我就知道你们把我想到哪里去了。我告诉大家，之所以让女同志去，不是因为我是男教师，有什么男女搭配、干活不累的想法，而是我早有考虑，晚上女孩子的生活起居，她们照顾起来更方便。（很多老师点头）

人逢喜事精神爽、话头多，做好了学生和家长的工作，我的嘴巴就兴奋地闭不住了："现在的学生家长工作太好做了，真支持工作。"话一出口，我便后悔了，因为，我的前脚已迈进了办公室的门。一看办公室里有两位同事，我赶紧闭嘴，可是说出去的话、泼出去的水，收不回来了，我的自言自语被他们听到了。其中一位同事——这个班的前任班主任——接着我的话音非常诚恳地对我说：

"段老师，你忘记没有，你刚接这个班时，这个班的风气等各方面都很不乐观，当时我还明确提醒、建议你，别去接任这个班的班主任！别人带这个班带不好，人家会说是因为这个班的学生太调皮，太捣蛋，是因为这个班的学生家长不支持工作，而你带这个班带不好，别人会说你无能！因为，你是全国十佳班主任！

"段老师，为什么你接任班主任没几天，就有学生家长自掏腰包买一块大电子钟表挂在黑板上方，让学生上课掌握时间；就有学生家长给班里的空调做罩子；就有学生家长为孩子们订报刊、买高级报刊架……

"段老师，你做家长工作，用的是什么招数，那么神通？我早就想请教你啦！"

"哪里哪里，你用词欠妥。不是请教，是交流！"

"好，段老师，交流，那就跟我交流交流吧！瞅个时间，我请你的客！"

各位师长，请允许我引申、扩展一下，回头再说能不能、应该不应该与我那位同事交流。

现在，假如有家长要为你带的班做事，你作为班主任，应该怎样回答？大家一定会想，让人家家长同志做吧，显得咱当老师的太懒；不让人家家长做吧，既得谢谢人家的好意，还要自己忙活。

既然同意不同意都对我们不太有利，所以，每遇这种情况，我总是这样做——

家长说："段老师，你看窗帘有点脏，我给孩子们洗洗吧？"

"呵呵……"我不置可否，真诚地笑，傻傻地笑。

"段老师，你别笑，真的，我给孩子们洗洗吧！"

"呵呵……"

我两声没笑完，学生家长就将窗帘扯下来了。她扯下来，那绝对不会让我洗，肯定她自己来洗呀！

关键是，她给孩子们洗了窗帘之后，我们班主任还需要做些什么工作。

我是这样做的。第二天，我一进班，就故作惊讶地说："哎呀！今天教室怎么这么明亮？"

"老师，小李同学的妈妈，我们张阿姨给我们洗窗帘啦！"

"那应该怎样表示？"

同学们鼓起了热烈的掌声，并高声呐喊，感谢他们的张阿姨。

"你们张阿姨好不好？"

"好！"

"相信你们的妈妈都会像你张阿姨一样，为咱们班、为你们无私奉献的，是不是？"

"是！"

请问同志们，孩子们感谢他们张阿姨的掌声和呐喊声，他们张阿姨能听到吗？

"听不到。"

既然听不到，我为什么还鼓动孩子们感谢呢？

对，他们张阿姨的儿子小李同学听到了。你看吧，中午放学一回家，小李就冲妈妈喊："妈妈，妈妈，今天早晨，段老师一说是你为我们班洗的窗帘，我们同学感谢你的掌声和呐喊声，你知道多热烈吗？"小李的妈妈心想，明天我把你们的另一个窗帘也给洗了去！（笑）

其他孩子也会这样对自己的妈妈说："妈妈，小李同学的妈妈都给我们班洗窗帘了，你给我们班做点什么呀？！"

于是，之后几天，学生家长陆陆续续来学校咨询学生情况。什么咨询学生情况啊，分明是明察暗访来了，你看吧，一段时间后，我们的桌椅坏了有人修，报纸杂志有人订……

别笑了，同志们，回过头来，我们再来讨论讨论，我能不能毫无保留地与我的同事交流我的做法。

我看在座的老师有的点头，有的摇头。我坦白地告诉各位师长，我的意见是竹筒倒豆子般，毫无保留地与他交流！一定要！必须要！为什么呢？大家都知道，你有一个苹果，我有一个苹果，一交换，每人还是一个苹果；你有一种思想，我有一种思想，一交换，每个人至少拥有两种思想，甚至迸发出第三种、第四种、第N种思想。当然，还是伟大的物理学家爱因斯坦说得精辟，说得到位，他说："一颗原子产生不了什么力量，两颗原子一碰撞，便可以产生十三万吨黄色炸药的威力。"同志们，我之所以能从一个师专物理专业的毕业生，一名乡村小教师，仅仅用十多年的时间就走到今天这个地步，成为全国各地的同仁们口耳相传的所谓的全国"著名班主任"，说实话，是因为我明白上述交流的意义，我大受爱因斯坦这句话的影响和启发，更因为我善于与我的同事们、朋友们互相交流、取长补短。因为我教育科研方面的成果和业绩，我的同事们，不论是本科学历，还是研究生学历，他们遇到撰写论文，或者参加优质课比赛等教科研方面的事情，总喜欢与我讨论、交流，我都会真诚地、热心地、尽力地、毫无保留地予以鼓励和帮助，而反过来，当我在工作和专业成长，甚至家庭生活中遇到问题和困难时，我的同事和朋友们也都是热情地、积极地、尽心尽力地帮助我。一个篱笆三个桩，一个好汉三个帮，三个臭皮匠顶个诸葛亮，也就是在他们的热情鼓励、无私帮助下，我才成长得稍微快了些！

除此之外，还有一个原因就是，教育不是我一个人的教育，也不是你一个人的教育，也不是他一个人的教育，也不是某一群人的教育，而是大众的教育，是民族的教育，是社会的教育，是国家的教育。只有我们每一位老师，每一位班主任，每一个为人父母者，都会做教育，都做好了教育，我们的教育才有希望，我们的民族才有希望，我们的社会才有希望，我们的国家才有希望。

所以，各位同仁，我当时不仅把我做学生家长工作的方法告诉了我的同事，而且还告诉得非常详细、非常彻底，说掏心掏肺、剖肝沥胆可能有些夸张，但确实是真心诚意地、毫无保留地坦陈交流。今天，在座的各位师长掌声那么热烈，我也一定会竹筒倒豆子般地向在座的各位老师坦陈，彻底坦陈！（掌声）

班主任要善于煽风点火（三）

老师和家长是同一个战壕里的战友

每接一个班，我都要尽早召开家长会。家长会上，我总是先介绍自己的教育教学理念、班级工作的一些具体方法和措施，以及我做学生思想工作，教育个别学生，尤其是教育调皮捣蛋的学生的实例，目的是统一学校教育和家庭教育的认识和观念，并形成家校教育的合力，也让学生家长感受、信服我教育学生是有一些手段的。一旦学生家长信服我们老师了，他们就会自然而然地、心甘情愿地、积极主动地、宽容大度地多多支持我们的工作，您说是吧？当然，最后我一定不会忘记重点给家长强调：

"同志们，对于咱们这一班学生的升学问题，我比你们在座的任何一位家长同志心更切！"听到这句话，大部分家长流露出疑惑的神情，心想，我们的孩子考学，你做老师做班主任的，怎么能比我们做父母的心还切？

"说实话，你们只希望自家的儿子、姑娘考上高中，而我希望咱们这一班孩子全考上。同志们，如果几年以后中招考试，咱们这一班孩子全考上了，到时候，我和大家约定一个日期，你们每家都来学校向我报到，我租几辆大巴车，把大家拉到市里最好的酒店，我请你们的客！"

一语既出，全场愕然，学生家长面部表情更困惑、更不解，心想，孩子考出了好成绩，家长应该感谢老师，感谢班主任，请老师的客，请班主任的客，怎么老师反过来请学生和家长？

我随后给家长解释（套近乎）："咱们想一想，如果在咱们这一群老师和家长的共同努力下，孩子们全考上了高中，在孩子们受益的同时，各位不也支持了学校的工作、老师们的工作，更支持了我的工作，助了我专业成长一臂之力，到那时，极有可能在一夜之间，我段惠民就会成为名师，就会成为咱们全县、全市，甚至全省、全国的名师，我不请你们的客谁请？"

您看，那几位老师惊讶的，比当年我的学生家长还惊讶。老师们，我敢肯定，你们惊讶的是，学生考上学，我作为老师反而要请家长的客，还要花那么多钱，是吧？同志们哪，你们真的不用惊讶，更不要担心咱们当老师的请客会花自己的钱。怎么可能呢？我来分析一下，大家便明白了。城里办学条件好的学校的升学率，一般情况下也比较难达到百分之百，各位师长想一想，就我们这样的乡村学校，初中升高中，升学率达到百分之百，可能吗？那是绝对不可能的，所以，我请客，同志们哪，那也是百分之百的不可能！绝对请不了的！（笑）有老师说，段老师，你那么智慧地工作，学生被你激励得那么努力地学习，万一升学率百分之百呢？那同志们也不用担心。大家想一想，如果真有那么一天，孩子们全考上了高中，皆大欢喜，我不相信，你们也不会相信，学生家长会让我自己掏腰包！你们想想看，事情的发展是不是应该是这样的：我一说买单，一掏腰包，一定会有几只有力的大手按住我的胳膊我的手，"段老师，我们孩子考上学，应该感谢您感谢老师们才对，怎么能让您花钱请我们呢！"（掌声）是也不是？

可是，请各位老师再想一想，家长会上我这样一宣讲，一沟通，学生家长是不是更容易、更能够感觉到，老师和家长都是为了同一个目标、同一个理想，大家都是同一个战壕中的战友，一定会对家庭和学校是教育学生的两股力量，有一个更深刻的认识？以后的工作中，他们还会将班主任和任课老师看成外人吗？肯定不会！他们不多多地支持班主任，多多地支持老师们才怪来！

有的老师可能要说，段老师，我们可是全市最好的学校，升学率极有可能百分之百，你讲这些对我们有什么用？各位同仁，我们看书也好，听报告也好，谁也不可能从别人那里，把今后工作中所能遇到的所有问题的解决方法全部学过来，讲课的人没有那么多时间，也没有那么高明，即使有那么高明，有那么多时间，即使同仁们像录音机那样一字不差地学过来，也未必就能取得理想的效果。因为我们不是报告人，我们的学生也不是报告人的学生，更何况，学生出现问题的情境和背景等方方面面也不一样，大家说是也不是？我们只能学习、感悟他人的理念和思想，正如名列唐宋八大家之首的韩愈老人家所说的，要"师其意，不师其辞"——不拘泥于字词，而取其要义、思想，而后结合自己的教育教学实际，创造性地开展自己的工作。还拿上面提到的这个事来说吧，如果你的班升学率有可能百分之百，你感悟了上面的理念，完全可以像我那样与学生家长套近乎，你变换、提高一下条件，这样说不就得了：家长同志们，如果在咱们大家的共同努力下，两三年之后，咱们这一班学生全考上清华、北大，我请你们的客。学生能全考上清华北大吗？显然不可能，那你不就请不了客啦。（满意地笑）

我接着强调第二个意思：我会告诉学生家长，今后的工作中，不论我与学生开玩笑，还是瞪起眼睛批评学生（当然，我很少瞪眼睛批评学生，因为本人长相有点……是不是？再一吹胡子瞪眼，更难看，会吓着孩子），都是我针对学生思想状况做学生的工作来着。我这样一"解释"、一"说明"，各位老师，您说，是不是可以避免老师与学生家长之间的很多矛盾，甚至闹剧或悲剧的发生。说到这一点，老师们，我绝没有夸大其词、危言耸听的意思，你们如果不信，大可以今天回去以后，网上搜索一下关键词"学生

伟人毛泽东说，政治动员就是"必须使每个士兵每个人都明白为什么要打仗，打仗和他们有什么关系"。这就启迪我们：开家长会和班会就是，必须使每对学生父母和每个学生都明白，为什么要支持班主任、老师和学校的工作，支持班主任、老师和学校的工作和他们有什么关系。

父母打死老师",看一看是不是有很多老师,包括很高级别的优秀教师,甚至省级优秀教师称号获得者,因为不善于与学生家长沟通,做学生工作欠妥,而被学生家长活活打死的惨剧和案例!

当然,大家可能会想,作为省级优秀教师称号获得者,做工作何至于做到这个份上?这样的老师怎么能评上省级优秀教师?

正如老师们所说,有些地方,有些时候,有些事情,真的是"汝欲学作诗,功夫在诗外"呀!

当然,话说回来,家长愿意支持,但不知道怎样支持也不行啊,所以还需要我们班主任启发诱导一下。

明讲故事 暗给榜样

就在我上述一番宣讲、解释和说明即将结束,学生家长也感觉今天的会议就要结束时,我早有预谋、潜心设计的与学生家长沟通、强调的真正话题才拉开序幕。就看我好像猛然想起,顺嘴随意地对学生家长说:"哎,同志们,你们知道吗?中国教育有两个神话:一个是湖北省黄冈地区,高考升学率特别高;一个是北京22中的孙维刚老师所带的班,高考升学率特别高。"

一提升学率,家长的眼睛就亮。

"段老师,我们知道孙维刚老师,他写过一本书,叫《全班55%怎样考上北大、清华》。"

"对,孙老师所任教的北京22中,所招收的学生是北京市市重点学校、区重点学校招剩下的,那样的生源,孙老师带几年之后,41名学生,22名考上清华北大,剩下的全部被985和211院校录取。"

"段老师,如果你是孙老师就好了!"

"对,段老师,你是孙老师就好了。"

"我们期待你成为孙老师那样的老师!"

"本来段老师就很棒!"

"哪里哪里,可我比较上进,我早已开始向孙老师那样的优秀老师学习啦,争取早日成为孙老师那样的优秀老师!"

学生家长热烈鼓掌。

"谢谢你们的鼓励和掌声,但是,我坦白地告诉大家,同志们,即使我是孙老师,即使孙老师来带咱们这一班孩子,咱们这一班孩子,也未必能够考那么好。"

学生家长迷惑了!

"据我所知,孙老师的学生考那么好,有孙老师的功劳,更有许多幕后英雄——其他任课老师、学生家长等很多人的功劳。"

"段老师,快给我们介绍介绍,孙老师的学生家长是怎样做工作的?"

"段老师介绍介绍,我们以后也好操作,也帮孩子们多做点事。"

于是,在学生家长的强烈要求下,我把早已给学生家长准备好的"美味佳肴",和盘端上了"餐桌"。在国人月收入八九十元钱的时期,孙维刚老师班上有一学生家长,不攀比其他学生的家长,自掏腰包4000元人民币,为班级做了一件大事。当孙老师感觉他一个家庭付出太多而筹集4000元钱,归还他们的时候,他们坚决不要并对孙老师说了一番话,我就把这番话讲给了我的学生的家长。您想,现在的学生家长月收入两三千元,听了这样的事,以后再花几十元钱、一二百元钱给我班孩子做一件事,还会难以动员吗?

之所以家长会上,一提到孙维刚老师的书,马上就有几位家长那样回应,回应那么及时,以致接下来的一系列工作进展得那么顺风顺水,那么自然畅通,是因为之前,我曾与多位家长沟通、交流过，并建议他们购买孙维刚老师的书籍阅读、学习。换句话说，各位师长，我做班主任工作与做教学工作或其他工作一样，事前我一定要认真备课，做好铺垫，做大量的前期准备工作。此之谓：凡事预则立，不打无准备之仗，不打无把握之仗。

"段老师，您能不能再解释解释，再举两个例子说详细些，好让我加深些理解。你放心，我一定请你的客！"前任班主任，我那个年轻的同事，越听越有兴趣，继续讨教。

"呵呵，那好吧，说来简单，我是应用心理学上的羊群效应，你肯定知道。那我就再给你讲两个故事，交流一下我是怎样应用羊群效应的，也让你加深加深印象，好吧？"

羊群效应

"托"只领头羊 带好一群羊

羊群效应是说人们都喜欢模仿别人，一旦有一个人采取行动，大家就会一窝蜂地追随，也说从众效应。

有这样一个故事，一个记者外出采访，看到大街上前前后后有一群人都在抬头往天上看，记者很好奇，就从后往前一个人一个人地打听，问大家在看什么，被问的人都说："因为看到前面的人都在看天空，自己才停下来看，可是看了半天确实什么也没有看到！"记者纳闷了，继续向前打听，终于问到人群最前边的那个人，那个人指着自己的鼻子说："我什么也没看，我鼻子流血了，所以才仰头朝着天！"

呵呵！相信在座的每一位同仁，都知道羊群效应，关于它的含义，可能有些老师比我知道得更早、更多、更清楚，不需要我在这里多说。可是，同志们，知道归知道，你们想没想过利用羊群效应开展工作，为自己的工作和生活服务？

先请大家看右图。对，这是火车站的电子信息牌，不知同志们注意过没有，我是多次留心过的，尤其是在小县城坐火车时。现实中，很多人提着沉重的谋生工具，或者走亲访友的礼物，验票进站，就是不知道看一看电子屏幕上的指示文字——列车发车信息，吭哧吭哧提着行李走了好远，又吭哧吭哧提着行李跑回来，问验票的车站工作人员："硬座车厢往哪

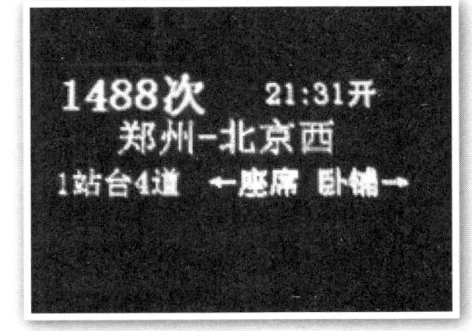

火车站的电子信息牌

**站牌不知看，
知识有何用？
知识不知用，
学习有何用？
学了不知用，
教育有何用？
教育没有用，
教育须反省！**

儿走？"悲哀呀！提包问路的人的悲哀，教育的悲哀！说句不大中听的话，有些人想当年上学认字，只是为考试时考个好分数来着，根本就没弄明白，没搞清楚，学习文化是为了应用，拥有知识是为了生活！

"现在我问同志们一个问题，刘谦的魔术表演得怎么样？"

"太好了！"

"刘谦的魔术表演得那么好，那么天衣无缝、精妙绝伦、出神入化，除了他技艺高超，手法老道，表情、语言有魅力等之外，还有一个不可忽视的因素，同志们说是什么？"

"托儿！"

"对，董卿姐姐、本山大叔都做过刘谦的托儿。你看，同志们多敞亮、多智慧！"

人家那样高明的大魔术师、艺术家表演一个小节目，尚且需要请人"托"一把，那我就要问一问各位师长，我们作为一名普通教师、小教师，要做大教育，是不是也需要请人"托"一把？

"要！"

可是，你在营造班级舆论，在做家长工作，做学生工作的过程中，是否想到过找一两个家长、一两个学生做你的托儿，"托"你一把，以推动班级舆论的营造、活动的开展呢？

各位师长想想看，我们周围有没有这样的老师，学习了很多教育学、心理学等方方面面的知识和理论，说起来头头是道、口若悬河，考试时旁征博引、分数高高，但，就是想不起应用所学去解决工作、生活中的问题，更好地工作，更好地生活。这与认字但不看站牌有何区别！

关于学习，关于如何学习、怎样培训，我们做老师的，也应该反思、反省啊！

在此，请允许我重提一下前面讲过的带学生春游的案例。在我决意要带学生去游览祖国的大好河山，让孩子们于亲身体验中学会珍爱生命、热爱生活的前几天，我一有机会遇到学生家长，就与他们聊天，与他们侃大山，极力熏陶、暗示、诱导：读万卷书，不如行万里路，见多才能识广……促使学生家长比较深刻地认识到旅游的意义，并产生强烈的冲动——一定要趁假期，带孩子出去走一走、看一看，让孩子长长见识，学习做人。等一切都铺垫好了，再适时召开家长会。

所以，在家长会上说到这个话题，特别是，家长同志都有带孩子旅游的想法，又担心孩子不听话，担心花钱买烦恼时，一个学生家长，才会看到讲台上的段老师眼光一亮，自然而然地脱口而出："段老师，孩子们尊重您，听您的话，要不，您带孩子去旅游？"说这话的家长就充当了我的托儿，以致后来，其他家长也"羊群效应""集体无意识"起来，跟着喊出、提出请求，请求我带孩子外出旅游。

不知道同志们留意过没有，联想过没有，很多优秀教师做工作，都善于用托儿。这里与大家分享苏联的一位著名教育家马卡连柯老师"托"舒拉教育瓦夏的故事：

学生瓦夏因为贪玩足球，以致多次遗忘了家庭作业。马卡连柯了解到这个情况，他不是找瓦夏本人谈话，而是找来了瓦夏的好朋友舒拉，与舒拉谈起了班上的一些事情，随后，貌似不经意地、很自然地提到了瓦夏。"按瓦夏的能力，他可以成为班上的学业优秀生，但是他沉迷于足球，结果糟了。"接着马卡连柯又感叹道，"难道你朋友的意志就是这样薄弱，不能克制自己？不！决不会！我相信瓦夏是能够抑制住自己的！"随后，马卡连柯又将话题转移到其他的话题上。谈话之后，舒拉立即跑到瓦夏那里去"通风报信"，以马卡连柯的姿态和声调转告马卡连柯与自己谈话时，涉及瓦夏的那部分内容。从那以后，瓦夏再也不贪玩足球，学业成绩又恢复从前。

当然，各位师长，在实际工作中，充当我们的托儿的，有可能是人，也有可能是物或其他，您说是吧？

我再给大家介绍一个国学大师钱穆"托"音乐教育学生的故事。

1919年，钱穆毛遂自荐担任一所小学的校长。开学第一天，钱穆便发现，一位学生课毕仍"兀坐在教室中"，问他姓名也不答，询问班长才知道，这位学生名叫杨锡麟，曾犯校规，前校长命令其除非大小便，即坐在课室中不许离去。钱穆当即废除了前任校长的命令，让班长带他去操场。可只过了一会儿，一群学生又将杨锡麟押到钱穆面前，说他"捕一青蛙，撕成两半"。钱穆说："杨锡麟因久坐教室，你们所知道的他不知道，以后，他与你们一起玩耍，你们知道的，他也会慢慢地知道，你们应该好好地、耐心地教导他，劝告他，不要大惊小怪。他犯一个小错误，你们都来告他的状，以后再这样，我也要惩罚你们。"这让杨锡麟第一次觉得有人站在自己一边，替自己说话。

宽厚善教的钱穆清楚，真正要做的事情，不仅仅是让杨锡麟感受到老师和同学们的爱，更应该想办法，让杨锡麟获得群体的认同。于是，钱穆开始留意杨锡麟的优点，发现他唱歌音色很好，便有了主意。有一天放学后，钱穆把杨锡麟单独留了下来，自己弹琴，让杨锡麟演唱，其"音调声节果皆祥和，温雅有致"。钱穆趁热打铁，鼓励杨锡麟第二天在音乐课上起立独唱。第二天，钱穆在音乐课上问，谁愿意起立独唱，为同学们示范一下？杨锡麟立即举手，演唱之后，全班同学都很惊讶，报以热烈掌声，长久不息。此后，学校开游艺会前，钱穆特意嘱托同事蔡老师，多多关照杨锡麟——

教杨锡麟唱《老渔翁歌》等。游艺会上,杨锡麟又获满座热烈掌声。不知不觉,杨锡麟渐渐得以"迥出他人之上"。

班主任要善于"忽悠"

刚解答完前任班主任的问题,还没来得及喝口水,没想到同办公室的另一位老师——感情比较近的多年的同事开口了:"段老弟呀,我真佩服你忽悠家长、忽悠学生的能力和水平,但是,作为多年的兄弟、哥们儿,我不能不提醒你一句,带学生旅游,你考虑过安全问题没有?出了事情,你会不会吃不了兜着走?"

听到"忽悠"这个词,好多同志笑了。大家不要笑,作为一个班主任,你不善于忽悠学生、忽悠家长,你还想智慧,怎么可能呢?当然,这个"忽悠"不是蒙事骗人的"忽悠",这个"忽悠"是宣传,是发动,是鼓舞,是引导、帮助、提携学生向真、向善、向美,是引领学生心灵健康成长。

"掌上千秋史,胸中百万兵。眼底六洲风雨,笔下有雷声"的毛泽东同志就是一位大"忽悠"。20世纪30年代,"左"倾冒险主义者博古和李德错误领导的第五次反"围剿"惨遭失败,中央红军被迫开始战略大转移——长征。长征途中,当将士们情绪低落、思想悲观,对革命、对前途失去信心的时候,您听,重新回到领导岗位的毛泽东同志怎么说:"长征是宣言书,长征是宣传队,长征是播种机,自从盘古开天地,三皇五帝到于今,历史上曾经有过我们这样的长征吗?……"后来,星星之火,让老人家忽悠得在全中国燎原。

再如1948年10月底,辽沈战役结束前夕,国民党蒋傅联军派遣部队从北平、保定南下,意在偷袭石家庄和距石家庄不远的平山县西柏坡中共中央机关,企图给中共中央致命一击。当时,刚刚回到人民手中的石家庄并无解放军主力部队把守，西柏坡也只有少量的警卫部队，形势万分危急。运筹帷幄、善于"忽悠"的毛泽东，临危不惧、镇定自若，挥笔写下一篇仅有450字的《评蒋傅军梦想偷袭石家庄》短文，以新华社述评的形式由电台公开播发，反复播发。结果，傅作义被忽悠得像戏剧《空城计》中的司马懿一样乖乖退兵，"空城"石家庄、西柏坡中共中央机关转危为安。

扯得有点远了，立即回来，同事一句"带学生旅游，你考虑过安全问题没有？出了事情，你会不会吃不了兜着走？"的话，就像寒冬腊月一盆冷水往头上一浇，让我从头顶一下子凉到脚底板。我不由得埋怨起自己来：段惠民哪段惠民，你真是头脑发昏，你怎么只一心考虑教育学生珍爱生命，忽略了安全问题？

这可如何是好？

不去旅游吧，学生和家长已经被鼓动起来，而且他们的积极性又那么高，并且各项工作已经着手办理，有的事情还办得差不多了——家长委员会的几位成员已经去联系、考察旅行社，学生们也兴高采烈地做着自己旅游的计划和准备；去吧，万一真有学生出了安全问题，如何是好？好在平时看书时，头脑中强化了一个理念：方法总比困难多。于是，我积极做正面思考，开动脑筋寻找对策。愁肠百结、苦思冥想时，我想起了生活中的两则故事。

方法总比困难多

大道至简

几十年前，美国华盛顿广场上有名的杰斐逊纪念大厦，因年深日久，墙面出现裂纹。

为了保护好它，政府部门多次召集有关专家进行专门研讨。

最初，大家认为损害建筑物的元凶是酸雨。后来，专家们进一步研究、论证，发现最直接的原因是，每天冲洗墙壁的清洁剂对建筑物的酸蚀作用。

为什么每天都要冲洗墙壁呢？因为墙壁上每天都有大量的鸟粪。为什么墙壁上会有那么多的鸟粪呢？因为大厦周围聚集了很多燕子。为什么有那么多燕子呢？因为墙壁上有许多燕子爱吃的飞虫。为什么墙壁上有那么多的飞虫呢？因为飞虫在这里繁殖特别快。而飞虫在这里繁殖特别快的原因，是这里的尘埃最适宜飞虫繁殖。为什么这里最适宜飞虫繁殖呢？因为开着的窗户阳光充足，大量飞虫聚集于此，超常繁殖。

由此发现解决问题的办法相当简单，只要拉下整幢大厦的窗帘即可。此前专家们设计的一套套复杂而又详细的维护方案，都变成了一纸空文。

另一个故事：

美国有一家星级酒店，一天，酒店的副总裁达吾接到一名老顾客的电话，大致意思是，每一次下榻他们这家酒店，服务员好像都不认识自己，没有宾至如归的感觉。放下电话，副总裁达吾随即找来了网络部门的经理，说明情况后，达吾问网络部门经理，能不能带领部门工作人员，设计一套软件，只要顾客一进酒店，就能立刻识别客人的国籍、民族、供职单位、职务、出生年月、家庭成员，还有是不是第一次下榻他们酒店等方方面面的情况。

部门经理也难以立时想出一个办法，可他处事很老练，思考了几分钟，对副总裁达吾说："如果给我三年时间、五百万美金，我肯定能找到解决办法。"显然，这个聪明的部门经理，又将皮球踢给了达吾副总裁，这件事就这样不了了之了。谁知，几个月后，达吾副总裁到美国巴尔的摩市出差，下榻一家曾经下榻过的酒店，结果发现，除了个别的服务员不认识自己，其他服务员都非常友好地跟他打招呼："欢迎达吾副总裁再次光临。"

达吾很惊讶："哎呀嘀？！这是怎么回事？他们这家酒店的服务员，大多很年轻，好像是新招来的员工，怎么会认识自己？再说，即使是老服务员，他们的记忆力也不可能那么好！"于是，达吾虚心请教。

原来，每过十天半个月左右，酒店就会更换门口负责接待的服务生。即使老顾客光临，对新换的服务生来说，也是新面孔。等到顾客来到酒店门前，服务生即上前迎接、致辞，"欢迎下榻我们酒店，请把行李交给我提，请跟我来！"有服务生热情迎接，而且帮助自己提拿笨重的行李，顾客自然很高兴。服务员边带顾客进酒店边伺机与顾客沟通："先生尊姓大名？哪里高就？是不是第一次下榻我们酒店？"看似随意的两三句话交流完毕，也来到了酒店前台。服务生向前台服务员介绍顾客："报告前台，这位是××公司的××先生。"报告时，服务生一只手指着顾客，另一只手就顾客的类别分别放在不同地方：如果是新顾客，便放在心口位置;如果是老顾客,便自然下垂。如此而已!

同志们,年久裂纹的大厦,拉下窗帘迎刃而解;五百万美金三年时间才能拿下的大难题,开动脑筋,一个手势就化解了。这样看来,我带学生旅游,万一有学生出了安全问题,我也应该能想出一个不担责任的办法!

积极正向思考,果然想出了招数。

刚有了办法,恰好家长委员会的几位同志来找我商量旅游事宜。

"段老师,到北京旅游的旅行社,我们已经考察好了,服务态度好,价格又便宜。"

"是这样,段老师,丑话说在前头,您牺牲休息时间,不辞辛苦带我们的孩子去游玩,您旅游的所有费用,我们商量好了,我们家长二一添作五,给您均摊了。"

"那不行,我旅游怎么能让你们出钱呢?如果那样的话,你们愿意请谁带孩子们去旅游,就去请谁,我一定不会去!你们知道,我说话算数,说到做到!"

"那我们多过意不去!"

"那怎么办?"

"这样,明天签合同,我们一块儿去,我在旅行社门外候着。你们先进去,与旅行社经理签学生和家长去北京旅游的合同。"

"那您呢?"

"我自有办法。等你们签好合同,拨通我的手机交给经理,我与经理说话。"

……

那天,我与旅行社经理通话:"经理,您这有没有发上海或者贵州的旅游团?"明知孩子们去北京,我故意这样说。

"有，不过，这几天刚发走。现在有一个去北京的团，你看可以吗？"

"可以！"

"这个团好像是一群孩子，你嫌吵吗？"

"我喜欢与孩子交流，不嫌！现在的孩子那么懂事，在他们面前，我至少是个伯伯、叔叔级别，说不定一上车，孩子们就会将最好的座位让给我坐。没问题。"

"如果不嫌弃的话，这个团的车上刚好还有两三个座，你就来签合同吧。"

我心想，我给自己留的座位，还要你告诉我？我除了给自己留了一个座位，给导游和副司机留了座位以外，还预留出一两个空位。我的考虑是，万一有学生身体不舒服，可以躺一躺，或者个别学生调皮，弄坏了自己的座位，有个备用的，您说是吧？这也是好多家长愿意多出一份钱跟着旅游，帮我管理学生，而我不让去那么多的原因之一。

随后，我与旅行社签了一个段惠民去北京旅游的合同。各位师长，就这样，旅行社经理把我与我的学生安排到了一个旅游团，我与我的学生"巧遇"了。

德育的关键在体验

旅途中，导游讲累了，不讲了，我就与学生一起说笑话，讲故事，玩游戏，领着学生唱班歌《放飞壮志，放飞理想》，"喊"流行歌曲，来一场模仿秀。有时还"挑起"事端，让学生争论日本学校的"给食中心"对于学生在学校的午餐提出"地产地销"口号的原因；引导学生评判《教室伸懒腰，铅笔戳伤同学眼，责任谁承担？》(《中国教育报》2006年12月4日第四版所登载案例)……

我还见缝插针给学生介绍北京的名胜：香山静宜园的二十八景、精忠街、精忠庙、林则徐故居等；给学生解答东单为什么没有头条，克勤郡王府、铁帽子王府等在哪里，恭王府是不是大观园等问题；调动学生背诵唐诗，"燕昭延郭隗，遂筑黄金台""燕台一去客心惊，笳鼓喧喧汉将营。万里寒光生积雪，三边曙色动危旌。沙场烽火侵胡月，海畔云山拥蓟城""前不见古人，后不见来者。念天地之悠悠，独怆然而涕下"……

休息时，我不失时机地给学生讲仅有五六百万人口的沙漠王国以色列之所以能成为世界粮食出口大国、农业强国，是因为以色列国内每三个男性公民中，就有一个人具有博士学位，1万人中，有135个教授、高级工程师，以色列人均每年读书55本等；给学生讲韩国的"身土不二"教育——韩国人的爱国热忱令人惊叹，没有人强制，没有官方约束，韩国人竟然都以买国货为荣，认为吃本地饭最好，穿本地衣最好，用本地产品最好；给学生讲劳斯莱斯汽车性能的"至善至美"，"加速到60迈，车里最大的响声来自仪表盘的指针"；给学生讲《目标的威力》——西撒哈拉沙漠有一个叫比赛尔的小村庄，"新生活从选定方向开始"；给学生讲，"芭蕾音乐之父"布德里让对人生绝望的少年皮尔·卡丹明白人生在世现实与理想之间总有一段距离，在理想与现实生活中，首先要选择生存，只有好好地活下来，才能让理想之星闪闪发光……

睡觉前，孩子们借日记抒发情怀：

管珍珍：

……我们看到的不仅是战争的疮痍——那灰黑的秃树枝丫与遍地的残垣，还有那昂然挺立着的石柱，任凭风雨剥蚀，任凭地动山摇，它们仍坚强地屹立着。它们是民族的精神，是中华的脊梁。

在这一方天空下，我们想到的不仅是那一段痛心疾首的历史，看到的不仅是一座辉煌的建筑群的残垣断壁,更是一个时代历尽的种种屈辱与苦难!那血与火的残酷历史向我们证明:一个国家落后,就会被人凌辱;一个民族懦弱,就会受人压迫。

历史的画面总浮现在脑海,原本欢快的旅程被抹上了淡淡的黑色,我们的心情异常沉重。但,我们也好似在这一瞬间长大了,感受到了肩上沉甸甸的责任。站在圆明园的废墟之上,我们在心中默默地立下誓言:我们要好好学习,长大后,用自己的聪明才智为祖国的建设添砖加瓦,让祖国母亲永远微笑着屹立在世界东方。

张琨:

五十多年前,那个庄严而神圣的时刻,那句让所有中国人无法忘怀的话——"中华人民共和国中央人民政府今天成立了"……就是在这座城楼上,中国一切的一切从这里掀开了崭新的一页……今天,当我站在天安门前,仰望着它,瞩目着它,一股股暖流涌遍全身。我激动,我骄傲,我自豪,我是中国人!

宋爽:

这所诞生在戊戌变法时期的高等学府至今已有百年的历史,它见证着百年来中华民族的每一道轨迹,进步思想、爱国行动从这里发起。著名的"五四运动"便让中国的革命进入新民主主义革命的新时期。

几年前,当段老师给我们买回介绍北京大学的《北大地图》一书时,一粒种子便在我心中萌发,我开始向往博雅塔,向往未名湖。今天,当我驻足博雅塔旁的未名湖畔,抚弄着湖边垂柳细嫩的枝条,不禁默默告诉自己:"时间不会太长,北大——等着我吧,今天绝不会是我最后一次拜访你,四年之后,我不会再像今天这样匆匆地路过你,我要每一天都漫步在你的堤畔,吟诗作赋,欢声笑语……"

张若瑾：今天太高兴、太搞笑了，本来，从八达岭下来，我们都感觉有些累，回到旅游车上，除几个精力特充沛的男生还在高谈阔论之外，大多数同学都有点懒洋洋的。没想到，开车不多久，为了活跃气氛，段老师给大家讲了一个小故事后，提议唱班歌，我班的两位歌星周××和刘××，竟然毛遂自荐，可他们一出口，全班同学直笑得前仰后合，眼泪都笑出来了。原来，他们将周杰伦的《菊花台》《双节棍》等歌曲的歌词乱七八糟地揉搓在一起，用班歌的曲谱翻唱……

　　……

朝阳班旗靓长城

孩子们高兴，跟着我旅游，无拘无束，自由自在；

家长高兴，我陪他们的孩子旅游、长见识，还不揩他们一点油；

我高兴，带领一群学生旅游，向学生心灵的土壤播撒阳光和良种。

最值得一说的是导游，一了解到我是学生的老师、班主任，每到吃饭，就塞我手中一小瓶高档的北京二锅头酒贿赂我。喝，还是不喝？喝！不喝，之前与导游交流时，我何必透露"我喜欢喝一点小酒，但极少超过二两"这个信息给他！不喝白不喝！（笑）导游一请我喝酒，我就知道导游怎么想的，无非是请我帮他管理他的团员——我的学生。同志们，我不喝，我就不帮他管理我的学生——他的团员啦？喝，当然，喝了也不白喝，喝了人家的酒，咱真的很用心，很尽心地帮导游管理他的团员——咱的学生。一举两得！哈哈！开个玩笑，咱做老师的，可不能让人家小瞧。今

> "做"这个汉字，由"人"和"故"两个汉字构成，段惠民感悟出一个教师专业成长的道理：谁做，谁就会产生故事，谁就成了有故事的人，谁就有故事讲给他人听，谁就站到了台上，讲故事的人还有他的故事就会被听众传说，讲故事的人和他的故事就成了传说，流传于江湖。

天喝了人家导游的酒，明天咱请导游喝咱买的饮料，这不就得啦！图个乐呵，哈哈！

归途中，回想起几天的旅游顺风顺水，导游还不无自豪地对我说："段老师，我带团带得还可以吧？"

"挺好！你很会带团！带得很好！"我职业性地、习惯性地鼓励着他，心里却想，我不跟着帮你管理学生，你试试！若你自己带这样一群孩子，估计你很难自豪得起来！气不坏你就不错了！

话说回来，各位师长，旅游过程中，出了安全问题怎么办？

假如我出了安全问题，我的家属会拿着我签的合同找旅行社、保险公司理赔；万一学生出了安全问题，当然，咱们绝不希望任何一个孩子出现一丁点儿问题，可是，万一学生出了安全问题，您想想看，合同又不是我签的，与我有什么关系呢？（掌声）

归来后，我鼓动学生，用两三节自习课时间，为北京旅游所拍的照片取名。有老师可能会想，这不浪费时间嘛！

哪会呢？比如，当孩子们给天安门前的"全家福"取名"我爱北京天安门"时，大家一定明白了，我哪是让孩子们给照片取名啊，分明是在进行爱国主义教育。

当孩子们为圆明园大水法的照片取名"勿忘国耻"时，他们不就从内心激起努力学习、报效祖国的动力了嘛！

当孩子们为与动物的合影取名"朋友"时，他们不就知道保护动物、维护生态平衡了嘛！

当孩子们为长城上的合影取名"不到长城非好汉"时，他们不就树立、培养了毅力观念嘛！

……

后来，校长听说我带学生到北京旅游，急召我谈话（训话）。

等我汇报完毕,校长严肃的面孔堆起了微笑,转而高兴地竖起大拇指:"老段,你真行!高,实在是高!"(笑)

这件事的处理,使我坚信:工作中,没有困难的事情,只有害怕困难,不敢、不愿、不去做工作的人。并感悟出我从事班主任工作的一个理念:**德育必须依靠学生身心体验后产生感悟之后的自觉行动来达成。**

快乐中秋播阳光

再过一段时间，就要过中秋节了，我略一煽风点火，班干部就来与我商量："段老师，商量个事儿可以吗？"

"可以！"

"您答应了？"

"答应了。"

"谢谢段老师，同学们都推举我们几个班委来与您商量，希望中秋节能与您一起过。"

"好哇！啊？那哪行，中秋佳节，是阖家团圆的日子，你们应该与自己的爸爸妈妈、爷爷奶奶、外公外婆一起赏月。哎，不行不行！"

"老师，您刚才已经答应了，不能反悔！"

"我哪儿答应了？刚才我答应的是，你们可以与我商量事儿，具体商量什么事儿，结果如何，我并没有答应！中秋佳节，你们还是与自己的爸爸妈妈、爷爷奶奶、外公外婆一起赏月，欢度佳节吧。"

"老师，您偷换概念！"

"老师——你太小瞧我们了。"

"咋啦？"

"我们都中学生啦，难道还想不到这一点？"

"我们早就商量好啦，先在学校与您一起赏月，活动结束后，再回家与亲人一起赏月。"

"是这样啊，那——好吧！"

孩子们带来了水果和月饼，我也买了几斤水果、月饼，那个中秋节过得，真叫一个快乐！

按我的设计，在教室搞过联欢之后，孩子们就在我的引领下，到足球场游戏中秋：全班围成几个大圆圈，依次轮流让一个学生坐在中间，每当一个学生轮坐中间，周围的同学每人必须三言两语地说关于他的一件事，而且每个人所说的，最好不重复。

老师们，您说，大庭广众之下，哪个同学会说中间那个同学的缺点和不足，都是说优点和特长，对不对？也就是说，当某个学生坐中间时，他就会听到很多位同学夸奖、赞扬他的一大堆好话。听到很多同学的赞扬、夸奖，坐在中间的同学多体面，多尊严，多受用，他不就高兴了，快乐了，他不就忘记了心中的烦恼，他不就对生活充满希望和信心了嘛！当然，为防止进行不到那两个思想消极、低沉的学生，我会建议同学们，从他们或者靠近他们的学生开始游戏。

有同仁问了："段老师，您怎么那么有智慧，想出这样的好主意？"

同志们，我哪有什么好办法好主意，我是感悟、借鉴生活的智慧——

非洲的巴贝姆巴族，至今依然保持着一种古老的生活仪式：当族里的某个人因为行为有失检点而犯了错误的时候，族长便会让犯了错误的人站在村落的中央，公开亮相，以示惩戒。每当这时，整个部落的人都会放下手中的工作，从四面八方赶来，将这个犯错的人团团围住，用赞美来"教训"他。包围上来的人们，会自动分出长幼，然后从最年长的人开始发言，依次讲述这个犯错的人曾经为整个部落做过的好事。每个族人都必须将犯错人的优点和善行，用真诚的语言叙述一遍。叙述时既不能夸大事实，也不允许出言不逊，而且不能重复别人已经说过的赞美。整个赞美的仪式，要持续到所有族人都将正面的评语说完为止。

巴贝姆巴族人是智慧的，他们对待犯错人的态度是："尽管你犯了错，有了缺点，但我们依然爱护你，关心你，接纳你。既然你曾为整个部落做过那么多的好事、善事，有着那么多的优点，那么，请你认真地反思，然后心悦诚服地改正自己的错误。我们整个部落的人都坚信：你一定具备改过向善的信心与能力。"

游戏中秋　珍爱生命

爱学生，就会收获爱的大豆

教师要勇于为学生担承

与学生共度中秋节，既让学生快乐，忘却烦恼，也令我非常高兴，让我体会到了工作的乐趣。可是，老师们，活动快要结束时，我猛然想到一个问题，我班有几个女学生，家离学校比较远，虽然大致同路，但我仍然不放心，回家的路上，单独行走的一段路途中，万一受到坏人伤害怎么办？爱学生，就要在学生需要我们的时候，想学生所想，急学生所急，做学生所做，就要适时冲上去，本能地冲上去，为学生担负起责任来。平时的工作中，**一个老师如果能够做到勇于为学生担承，不管他有没有优秀教师的称号和荣誉，我认为，他都是优秀教师！**各位师长认同吗？（掌声）

作为老师，咱别整天在那里唱高调，我爱学生，我一切为了学生，我为了学生的一切，我为了一切学生，甚至有的老师做报告时说什么，自己爹娘弥留之际，想见自己一面，为了学生，为了学生能在中考、高考中取得好成绩，自己硬是坚守在三尺讲台管理学生、辅导学生，尽管没有满足自己爹娘的最后愿望，留下人生遗憾，可是看到学生考出了满意的成绩，非常欣慰云云。

各位师长，说心里话，我对这样的教师不敢恭维；我对评选这样的教师为优秀教师、师德典型的单位和领导不敢恭维；我对宣传这样的优秀教师、师德先进个人的媒体不敢恭维。"不爱其亲而爱他人者，谓之悖德；不敬其亲而敬他人者，谓之悖礼。"试想，

> 一位优秀教师，首先应该是一位好儿子（女儿）、好丈夫（妻子）、好父亲（母亲）、好邻居、好同事、好朋友……

一个无法满足爹娘相见最后一面愿望的教师，他怎么可能爱别人家的孩子？！

有一次报告刚一结束，就有几个同仁跑上台来，七嘴八舌地议论：

"段老师，您刚才提到的一心为了学生，不去照顾自己爹娘的优秀教师，我们身边就有，我感觉这样的老师根本就不是一个正常的人，就不是一个合格的人，更不用说是什么优秀教师！"

"这样的老师，就不值得学！"

"令人费解的是，我们教育行政部门的某些领导，还比较热衷于树这样的教师做师德典型，且引以为豪！遗憾的是，某些媒体还大肆鼓吹、宣传，乐此不疲！"

"有些优秀教师、师德典型，太名不副实！"

"那是当然，因为现在评优选先有很多水分，人情因素，托关系，走后门，搞勾兑，权钱交易，拉选票，传统世俗的优秀观、先进观，还有更关键的因素：领导的贪欲、领导的喜恶、领导心中的标准……"

"大部分真正优秀的教师，只专注于自己的业务，往往不善于、不屑与领导套近乎，当然比较难得到本该得到的优秀称号和荣誉！我们这么一个亿人大省，为什么很少出名师？！"

"我们省名师也不少，像刘××、武××、常××、申××、杨×……还有我们的段老师。"

"哥们儿，你说的这些名师，除了段老师，不都到北京、无锡、上海等外地工作了吗？"

"哈哈，老师们，我可不是咱省的名师。"

"你不是咱省名师？段老师，不可能吧？你一次次为咱们省级名师上课、做培训，你不是省名师？不可能吧？"

"当然不是，不过，我曾参加过咱省名师的评选，因为不符合评选的条件，没评上。"

"那什么样的条件能评上，你都评不上，我们的条件也太那个了吧！"

"制定条件的人也太那个了吧！"

"呵呵呵！"

"那您应该是特级教师？"

"就是，您为贫困地区的老师义务做培训、捐赠书籍。"（笔者在为老师做报告的过程中曾经提到过，为湖南岳阳、陕西渭南、河北雄县、河南虞城县等地的教师做公益讲座，义务进行班主任培训；为新疆维吾尔自治区、湖南浏阳、贵州兴义、河南新安等地区或学校，还有更多全国各地的老师们捐赠书籍）

"您为中原油田教育中心、濮阳市做教师培训，对于组织上给的报酬，分文不取，您才是真正的名师、特级教师。"

"不好意思，我也曾经追求过'特级教师'这个荣誉称号，也希望自己是特级教师，这个可以是，但我真不是！"

"那你今后一定要参评哈，你为全国各地的老师上课、培训，反响那么好，在全国那么有名气，你只要参评，一定能评上！"

"呵呵，这位老师，如果您是领导，如果您做评委，我一定能评上。我告诉大家，在过去的十几年里，我四次参评咱们省每三年评选一次的特级教师，四次都被推荐，曾经两次还被评为咱省三四百位候选人之一，最后都因为某些事我不愿做，没有做，而止步于评选的最后一两轮。"

"这太不公平了吧，段老师。"

"那天，我在网上溜达，还看到有老师在您的博客中留言：'有的老师有名，却没有名，有的老师没有名，却很有名！'总结得真好！段老师，你别生气，你就是那没有名却很有名的老师！"

"虽然你没评上，你却早已走遍全国，成了全国的名师，成了

评特级教师
痴心教育廿四载，
拙名广播省内外。
河南四次评特级，
四次参评四次败。
沽名钓誉潜规则，
天生秉性难做来。
虽然名落孙山后，
乡村教师志不改。

全国老师们学习的榜样。"

"是的！网上对你都评价得可好了，你是特级中的特级！"

"哈哈，特级教师各地有，唯咱段老师逞风流！"

"呵呵，有你们的认可，有全国各地同仁们的喜欢，我知足了！"

"段老师，不好意思，敢问您是不是太吝啬，太要面子……"

"哈哈，您说得对，有些事我明知应该怎么做，却实在拉不下面子去做，怪不得别人，当然，我也没怪过别人，哈哈！今后我绝不会再申报特级教师！"

"2013年底，咱省又一届特级教师评选，我践行自己的诺言，彻底放弃了，更从心里放下了早年的那个追求与'理想'，没有参评。哈哈，不参评的感觉太爽了。也许在外人看来，我这样说是吃不到葡萄说葡萄酸，但这是我的心里话，是我最真实的感觉！那感觉的的确确是心轻万事如鸿毛，无欲无求乐逍遥！爽啊，爽极了呀！当然，有了这样的快乐体验，我决意，我这一生再也不参评官方任何级别的任何教育奖励和荣誉。其实，早在多年前，我就这样做了。"

"'特级教师'应该是我早年的一个追求，但它绝不是我的终极追求，我如果把特级教师作为我的终极追求，把名师作为终极追求，我的目标也未免太低、太狭隘了吧。我真正追求的是教育，是做一名好教师。"

"你不参评了，你是爽了，可是段老师，你这样连优秀都评不上，你到全国各地做报告，让人家听课的老师怎么看咱河南，这是咱河南教育的悲哀！"

"更是耻辱！"

"哎，段老师，你会不会跑（到发达地区去应聘）？"

"这个请大家放心，是咱们河南这片土地养育了我，我不能一成名就忘本，我要报答家乡人民的养育之恩，绝不会到外地去应聘。

（掌声）我给大家背一首为了铭志而撰写的顺口溜吧，各位师长可不要笑话我哟，因为我是学物理专业教物理的，不懂平平仄仄平仄仄，仄仄平平仄平平，不懂一三五不论、二四六分明的诗词格律，不会作诗，呵呵！开始朗诵：'咏梅——不与百花争春色，甘居寂寞凌寒开。草木心思报泥土，一苞一蕊出情怀。'（掌声）事实上，刚成名那几年，还真有几个单位诚挚地邀请我加盟，都被我委婉地谢绝了。"

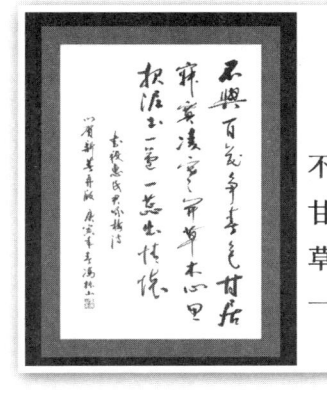

书法家书笔者诗作《咏梅》

……

不好意思，各位师长，又有点跑题了，言归正传。活动快要结束时，我将几个女孩子找来，骗她们说："孩子们，我忽然想起，今晚我还要到县城某某地方去，可尽管来兰考十多年，那个地方我还真闹不清楚具体怎么走，听说你们都是那片儿的？"

"老师，等一会儿活动结束咱们一块儿走，顺便告诉你不就行了，我们先去活动了。"

赏月活动结束后，我们几个人有说有笑一起走。直到将最后的离家最远的一个孩子送到家门口，晚上十点多，我才怀着快乐的心情，拖着疲惫的身躯往家赶。

有付出就会有收获

有老师可能会说，段老师，我们这样做老师，多累呀！同志们，这样做工作，身体是累些，但是内心是快乐的,这反而有利于健康。再说,汗水怎么会白流？就在那天晚上，我验证了大家常说的一句话——付出

荣获"全国十佳班主任"称号

荣获"河南省最具智慧力班主任"称号

荣获"河南省最具影响力班主任"称号

中国人生科学学会副会长聂延军与全国十佳好老师合影

就会有收获的正确性。因为,就在我沐浴着明亮的月光,怀着快乐的心情,拖着疲惫的身躯往家赶的路上,不知谁家八月十五那天收割的大豆,遗落在马路边一小捆,被我捡回家了,有付出就会有回报!您别笑,择了大半碗毛豆角呢!所以,我说:**"爱学生,绝不是单纯的、单向的付出,爱学生,就是爱我们教师自己,就会收获爱的大豆。**(掌声)小付出小回报,大付出大回报,不付出怎敢奢望回报,岂能得到回报?!老师们,将大豆换成果实,换成工作的乐趣、职业的快乐,是不是更好?换成教育的智慧、人生的感悟,是不是可以?将大豆换成孩子,是不是也可以?"

钓"鱼"

为了教育那几个思想消极的学生，更为了教育全班学生，一年多时间里，我还开展了很多活动，做了很多工作，这里我向大家汇报转化其中一个学生——小鱼（化名）的故事：

为了多接触小鱼，我与小鱼约定，每周一、三、五放学后，我教他和几位乒乓球爱好者打乒乓球，陪他们聊天……他们当然很乐意，因为小鱼和那几个学生都是乒乓球爱好者，他们早就听说我的乒乓球打得"了得"。我应该算乒乓球业余爱好者中的"高手"，学生时代曾获得过我的家乡夏邑县（近百万人口大县）的乒乓球团体冠军；参加工作后，多次获得中原油田第六社区等单位的乒乓球单打冠军，还多次获得兰考县乒乓球团体、单打冠军；做过少儿乒乓球教练，所教的孩子获得过县级少乒赛的名次。当然，如果我的乒乓球水平在学生眼里不够"级别"，我怎么好意思专门拿乒乓球说事，拿乒乓球与学生"套近乎"？他们又怎么能、怎么会听我的"教训"？

与学生"切磋"球技

尊敬的各位师长，我这样显摆自己的爱好和特长，您一定感觉我有点"王婆卖瓜，自卖自夸""吹牛皮"。其实，我哪里是吹牛皮呀，我这是充分发挥自身的优势做学生的思想工作，我是在真心诚意地向各位师长汇报我班主任工作中的一个小感悟。试想，如果一个班主任工作中是能手,业余生活中是多面手,或吹拉弹唱,或琴棋书画,或篮球、排球,或乒乓球、羽毛球,都拿得出手,不用说,学生自然会积极地、主动地向这个班主任靠拢,唧唧喳喳围绕着这个班主任转,由喜欢班主任教他技能,到喜欢听班主任讲道理,到喜欢听班主任的课,喜欢听其他学科的课,您说是吧?

星期天,我还带着孩子们,骑车到几十里外的黄河滩,去跟孩子们"学习"钓鱼,其实主要是跟小鱼"学习"钓鱼。我对他说:"小鱼,我教你打乒乓球,我吃亏了。我听说你钓鱼的水平挺高的,你教我钓鱼,咱们就扯平了。"小鱼痛快地答应了我的请求。事实上,小鱼再学习几年,也不一定赶得上我钓鱼的水平和技术,我之所以请小鱼"教"我钓鱼,是想通过这个方式,让小鱼觉得生活有意义——连段老师都向自己学习钓鱼,我是多么的有价值,多么的了不起,进而激发做人的乐趣和尊严。说心里话,如果小鱼和其他孩子,能因为我做他们的学生而自豪,重拾生活的价值、意义、乐趣和尊严,心中洒满阳光,我就是做他们的学生,做所有学生的学生,一辈子做我所有学生的学生,又有何妨?(掌声)

钓鱼需要耐心等待鱼儿上钩,教育学生也需要等待学生认识的提高、思想的觉悟。所以,段惠民常说:"**学生思想的觉悟不是一蹴而就的,需要教育者的耐心,更需要教育者的爱心,没有爱就很难有耐心,就很难有教育。教育不是着急的事,急不得!教育是慢活儿,是慢的学问,是慢的艺术,需要慢慢地滋养。**"

孩子们聚精会神、专心致志地钓鱼,我察言观色、想方设法"钓"孩子们的心……

我还倡导全班同学为我们班取

"煽风"

名，设计班徽，制作班旗，拟定班训，创作班歌等；开展男生3000米、女生1500米跑步比赛，以及踢毽比赛等丰富多彩的文体活动；带领学生到外地去旅游，感受外面的精彩世界……

……

渐渐地，我发现小鱼的脸上有了笑容，我的心里宽慰了许多，孩子的父母也经常传来消息：

"段老师，谢谢您，这几天，孩子情绪好多了！"

"段老师，这几天，孩子与我们之间有话了！"

"段老师，近几天，孩子的小嘴又吧嗒吧嗒起来了！真是太谢谢您啦！"

农家院

……

听到这些，我的心里稍微轻松一些，但是，小鱼的心灵是否得到了彻底的医治？我仍旧放心不下！可我也不能正面发问："孩子，你还想死不？"我决定从侧面了解小鱼的思想状态。于是，我又设计了一个活动。一节自习课，我走进班里："同学们，这几天，有很多同学都对我说：'段老师，您发表那么多文章，您指导的学生发表了那么多作文，您也指导指导我们呗！（这不过是我根据曾教过的学生的情况和经验，设计的教育情境而已。其实，也就一两个学生曾经向我提出这个问题）我们得了稿费，先请你吃饭！先请你的客！'今天，我就教你们发表文章。先教你们发表诗歌，好吗？"

"好！"

"那就让我们从欣赏他人的作品——一首小诗开始。"

"变魔术/表哥来病房变魔术/—把钱变不见了/—把手帕变出来了/—把剪断的绳子接起来了。"

当我背到这里的时候，学生嘀嘀咕咕起来："什么诗，我们也

耶！

"你们也会写这样的诗？既然人家的能发表，你们的也就能发表。"

"我们也会写，谁不会写这样的诗呀？"我要的就是这个效果——树立学生能够发表诗歌的信心。

"老师换一首诗吧，这样的诗太不够档次，换一首吧！"学生还是不停喊叫。我佯作没听见，提高声音继续背诵，当我背到最后一句诗意升华的诗句"我也要——/变魔术/把我失去的腿变回来/把癌症恶魔变不见"时，学生的嘴巴闭上了。过了一小会儿，学生的嘴巴又张开了："老师，这是谁写的？给我们介绍介绍作者吧，再给我们读几首他写的诗吧！"

顺势而为，我给学生讲述了台湾少年周大观珍爱生命、热爱生活的故事，讲述周大观与病魔、死神抗争的坚强意志和心路历程等，最后，又在学生的呼喊声和掌声中背诵了周大观的另一首诗作《我还有一只脚》：

贝多芬双耳失聪，
郑龙水双眼失明，
我还有一只脚，
我要站在地球上。

海伦·凯勒双眼失明，
郑丰喜双脚畸形，

> 我还有一只脚,
> 我要走遍美丽的世界。

学生情绪激动,纷纷表示要买周大观的诗集《我还有一只脚》……

我非常高兴。全班学生,尤其是小鱼和那个孩子,如果都能带着强烈的渴望阅读周大观的《我还有一只脚》,那将是我特别希望、特别愿意看到的一个结果。其实,在孩子们没有出现灰色心理之前,我们就应该关注孩子的心理健康,对孩子进行生命教育。**真正的教育,不仅要对学生的升学考试负责,还要对学生一生的生命质量负责,更要为学生一生的幸福奠基。**

想到这里,我说:"同学们,今天大家欣赏了周大观小朋友的诗,了解了周大观面对癌症恶魔时,仍然坚强和乐观,仍然对生活充满信心和美好理想……对此,大家都有强烈的感受,那么,本周的周记,就自拟题目,以诗的形式,把你的感受写出来吧!那将是一首很好的诗,一篇很好的文章!"

下周一上午放学后,等大部分学生都离开了校园,小鱼来到了我的办公室,"老师,您看我写得行吗?"

"好诗!"我眼睛刚看到文字,就习惯性地鼓励起孩子来!

"老师,真好?"

"真好!太棒了!"

各位老师您看,是不是真好?

我和周大观不一样

> 我和周大观不一样,
> 周大观躺在医院里,

忍受着癌症恶魔的折磨，
却将自己对生命的感悟，
幻化成坚强的诗行。
而我，坐在窗明几净、
冬有暖气、夏有空调的教室里，
却不知好好学习，
没有目标和理想！

我和周大观不一样，
周大观年仅九岁，
身患绝症，截去一条腿，
仍要走遍美丽的世界，
而我，躯体强壮，都十二岁了，
却身在福中不知福，
得过且过，不好好学习，
对生活失去信心，
甚至一度对生活产生绝望！

我和周大观不一样，
周大观遗憾地离开了这个世界，
他永远不会知道我是谁，
而我，却从老师那里，
"认识"了他，
并且，以他为榜样，
重新确立了学习目标，
拥有了美好的人生理想！

看到这最后一行"诗句",我心中的那块石头终于落了地。

"老师,我这个孩子怎么样?"

"好孩子呀!"

"您真认为我是一个好孩子?"

"你真是一个好孩子!"

"老师,我有个请求,您能答应吗?"

"当然可以!"

"老师,一年多来,如果没有您对我的关心、教育和开导,还有其他老师以及同学们这几个月来对我的帮助和鼓励,不知今天的我,会在哪里。老师,如果您真认为我是一个好孩子,不嫌弃的话,就把我也当作您的孩子吧!"

话音未落,小鱼扑通跪在了我面前。就这样,尊敬的各位师长,在不违背国家计划生育政策的情况下,在我有了一群儿女之后,我又多了一个孩子,您就替我高兴吧!(掌声)

[下编]

感悟他人的教育智慧

博学善悟化思想

读书让我捞得"第一桶金"

书中自有教学理念，书中自有教学方法，书中自有教师成长，书中自有职业乐趣，书中自有人生幸福。

每个行业有每个行业的历史，一代又一代行业先驱绞尽脑汁、殚精竭虑，感悟、积攒出了海量的人生经验和行业智慧，通常来说，这些经验和智慧足够后人学习和使用。一个人的生命是有限的，一个人的智慧更是有限的，那么，在有限的生命历程中，我们为什么不去挖掘和汲取前人、智者的经验与智慧呢？大家所熟知的世界著名物理学家牛顿，那是何等聪明睿智的人，可就是这样一个聪明睿智的人，要取得人生成就，按他自己的话说，还要"站到巨人的肩膀上"，更何况普通的、平凡的我们！

清代著名学者袁枚有言，"不读者，便是低天分。"

"每天不读书就无法生活"的伟人毛泽东同志说："有了学问，好比站在山上，可以看到很远很多的东西。没有学问，如在暗沟里走路，摸索不着，那会苦煞人。""饭可以一日不吃，觉可以一日不睡，书不可以一日不读。""一天不读报是缺点，三天不读报是错误。"

温家宝同志曾谆谆教诲我们："读书决定一个人的修养和境界……一个不读书的人、不读书的民族，是没有希望的。"当年周恩来总理也曾说过这样的话。

世界最伟大的教育家之一苏霍姆林斯基老师言简意赅地指出："读书，读书，再读书，教师的教育素养就取决于此。"

所以，要做一名智慧的班主任，一个应该引起重视的，非常重要的，而且又是非常有效、高效、便捷、快速的途径，就是读书。**读书对一个教师的自我超越、专业成长，对一个人涵养道德品质等方方面面的功用，是其他任何手段都不易取代，甚至不能取代的。**

书籍是人类智慧的结晶，是人类进步的阶梯，更是教师专业成长的阶梯！

作为一名乡村小教师，我能够用十多年的时间，走到今天这个台上，与自己这么多年来辛勤地、广泛地、多元地、深入地、持久地、有效地阅读是分不开的。

记得在当年收入微薄甚至吃饭都成问题的情况下，为了能多订阅几种杂志，多购买、邮寄几本教育教学书籍，我编个理由，与爱妻商量互相理发、给孩子理发，想通过这种方式"节流"。也不知是"英雄所见略同"，抑或爱妻看透了我的心思又不愿揭穿我，"志（憧憬美好生活）"同道合的爱妻竟然满口应承。

花几元钱买来剪刀、推子等工具，模仿理发师的动作，凭想象"咯吱咯吱""咔嚓咔嚓"徒手习练技术仅仅半个多月，我们便急不可耐地与对方商量："美女（帅哥），我早就给你设计好了一个发型……"我们的反应又是出奇地一致，我不让我爱人给我理发，我爱人也不要我给她理发，于是乎，我们的目光几乎同时落在了两个儿子身上。于是，由我出面与两三岁的儿子商量，说给他们设计了什么样什么样的帅气发型，省了钱为他们买枪云云。两个儿子经不住诱惑，高高兴兴地"就范"了。小儿子自告奋勇："爸爸，先给我理！"

"隔行如隔山"，说起来容易做起来难哪！尽管徒手练习了一段时间，尽管感觉理发技术差不多了，可谁知我们刚一下手操作，小家伙就被理发推子揪了头发，疼得像杀猪一般嗷嗷直叫："头发长了变成女的，我都不让你们给我理发啦，我也不要你们给我买

教师成长了，学生爱戴和敬佩，自然亲师信道。从这个意义上说，教师的成长，是最好的教育方法。

敬礼

枪啦！呜——"……

大家不要笑，这张照片是十八九年前的。现在弟兄两个都是大小伙子了，一个在中国矿业大学，一个在武汉理工大学，都将读大四了。

之所以用玩具枪做诱饵引诱儿子，拿他们来练手，有两个原因。一是我们自知没有技术和经验，如果一开始我们夫妻互相理发，理糟了没法出门，与人见面说起来，也不好意思说是为了省几块钱这么干。当然，后来，有了疼痛经历的儿子，说什么也不让我们给他们理发了。无奈之下，我只好主动将自己这颗项上"人头"奉献出来，让爱妻练习技术，反正理不成既定的发型也不碍事，实在不行，就改理光头就是了，光头还能节省洗发液，更可以节省"更多的"钱买更多的书。（笑）

二是，两个小家伙最喜欢玩的玩具就是枪，这也是最直接的原因。那时经济拮据，给他们买的塑料枪玩坏、玩丢之后，就再没舍得给儿子买，以至于后来，兄弟俩常常手握带弯的瓦片或木头块（枪）与小伙伴游戏、玩耍，甚至握着它们睡觉。

我清楚地记得，有一次去商场，家庭"强权政治"统治下早已"学"乖的两个小家伙，一人扯我一只手，把我拉到玩具柜台前，指着一种玩具枪，恋恋不舍地、"贪婪"地、企求似的盯着我的眼睛对我说："爸爸，我们可不是想要，我们只是想告诉爸爸，咱们楼下龙龙的枪就是这样的，你知道多好玩吗？"

唉！一提这事儿好心酸，不说啦！说点轻松的，当年，为解资金不足之困难，我还开动脑筋，想出了一个借"鸡"生"蛋"的好办法。我写信给大学毕业后分配到全国各地工作的高中、大学同学，还有亲朋好友：兄弟姐妹们，当你拉着心爱的小伙、姑娘轧马路时，遇到书店请往里拐一下，如果有中学教育教学理论、物理教学、班主任工作等方面的书籍，麻烦给兄弟代买几本寄来吧，兄弟教书教不下去了，拉兄弟一把吧！就这样，几个月时间里，我就收到了一百多本书，有了自己的"图书馆"。我说要给人家汇款，没有一个要的，想想他们也不会要，这种钱都要那还是兄弟吗？诚然，当时就没打算还钱给人家，但是我还是有意提一下这事，既表达我深深的谢意，又得到我当时希望得到的预料之中的结果：每每一提到买书钱，对方肯定是坚决拒绝的。

尽管当时"攫取"他人的劳动报酬，"技术简单、手段恶劣"，可日后我时刻记着钱一定要还，这份情意更要还，必须的！比如说，前年我到广州去讲学吧，事先，我电话联系上了在那儿工作的一个哥们儿，到了之后，他邀请了好几位朋友，办了很丰盛的酒席招待我，可当他去买单时，却发现我早已付过钱了。

机遇总是偏爱有准备的人！

1992年春，我参加了中原油田首届物理教师优质课大赛，遵照通知安排和教学进度，我应该讲《物体的浮沉条件》一节内容。咋就那么巧，一位在江苏省徐州市工作的同学——高中同桌陆学灵，给我邮寄的《中学物理教材教法》一书中，恰有苏州大学许国梁教授和几位物理特级教师等全国知名专家关于初中教材《浮力》一章的教法问题的研究成果。领会他们"瓶瓶罐罐进课堂，拼拼凑凑做实验"的精神，借鉴、应用他们科学的授课方法，感悟《物理教学》等杂志上所倡导的"教师为主导，学生为主体"时髦教育理念，依据学科特点和学校教学设施的现实情况，发挥自己的聪明才智，我设计、参讲的《物体的浮沉条件及其应用》那节课，赢

同桌的你　亲如兄弟
午夜梦中　时常想起

得了评委们的一致好评，荣获了一等奖。之后，教研员多次安排我为油田的物理教师上观摩课。再后几年里，我又两次代表中原油田物理教师，参加河南省每两三年一届的物理教师优质课大赛，都榜上有名，荣获一等奖。

吃牛肉 吃羊肉 长人肉

当时，在领导、同事和同行看来，我段惠民之所以能"一鸣惊人、一举成名"，是因为在工作中付出特别特别多，对教育教学特别特别有研究，可能认为我有很高很高的教学水平和教学技能。除了天晓得之外，只有我自己心知肚明，在那之前我所讲过的，或者我能够讲的所有的课中，有且只有这一节课，因为"偷窃"了名师的果实和"教艺"，加上自己备课备得稍微用心些、下功夫些、充分些，讲得还马马虎虎，好像还说得过去。然而，第一次参加中原油田物理教师优质课大赛的侥幸"成功"，将我置于优质课教师这样一个优秀群体中，我就不得不严格要求自己，更加努力地工作，我就不得不更加刻苦地钻研教育教学了，"焚膏油以继晷，恒兀兀以穷年"。"北海西山都可恋，我来只为读奇书！""书卷多情似故人，晨昏忧乐每相亲。眼前直下三千字，胸次全无一点尘。"《论语》《孟子》《陶行知教育思想12讲》《中国教育史》《蔡元培传》……苏霍姆林斯基的《给教师的建议》、马卡连柯的《教育诗》、亚米契斯的《爱的教育》、卢梭的《爱弥儿》……《人民教育》《师道》《中国教育报》《德育报》……《读者》《特别关注》《半月谈》《演讲与口才》《妇女生活》……我不在乎头发脱落、眼睛近视（当年求学没近视的我，过了四十岁近视了，而且近视得不轻），我不顾腰腿发酸、颈椎增生，

作者墨迹：天道酬勤

海"吃"猛"塞"，昼"反"夜"刍"。我像一只贪吃的蚕，在青青的桑叶、甜甜的空气和暖暖的阳光中，一天天地长大，胸中的世界慢慢地广阔了起来。先贤圣哲名人大家的思想和精神，照亮了我前行的路，厚积着我浅薄的文化底蕴，给我的腹中充塞入"经纶"，并渐渐地内化为我教育教学的理念和行动。

大师们、学者们思想的火把，将我的灵魂点燃了，将我的生命点燃了！

一步一个小台阶，轻轻松松，平平常常；一天一点小进步，日积月累，集腋成裘，"事业"的雪球，被我越滚越"大"。

本来就不曾想过，当然后来曾经想过，可后来想过是想过，实实在在没有想到过，一不小心，我还真的就"成功"了，"成名"了，成了所谓的全国"著名"班主任！

回顾自己的从教、成长之路，我深刻认识到：

多读书是汲取智者智慧的好方法。

书中自有教育理念，书中自有教学方法，书中自有教师成长，书中自有职业乐趣，书中自有人生幸福。

多读书不一定能成为名师，但是，名师一定是热爱读书的人，一定是读了很多书的人。一个不热爱读书的教师，很难成为大教师，更难成为大师。

不读书是无知，只知读书而不知思考和感悟是弱智。对教师而言，读书应该是一辈子的事情！

"与善人居，如入芝兰之室，久而不闻其香，即与之化矣。"大家一定有过这样的体验和感受：读书读得多了，不知不觉，自己的思想就被作者的思想同化了；不知不觉，就被作者的思想异化了；不知不觉，就被作者的思想美化了；不知不觉，就被作者的思想激化了；不知不觉，就会像作者一样去思考了；不知不觉，就有了自己的理念和思想。各位老师，今天你有思想了，明天你有思想了，长此下去，你不就成了思想者，你不就成了思想家，你不早就成为事实上的名师、大师了！当然，这个过程是一个长期的学习、积累、沉淀、发酵、思考、感悟、升华的过程，不是一蹴而就的，要舍得付出和投入，要舍得花大功夫、真功夫、苦功夫。且读且行且思且悟，且悟且思且行且读，且思且读且悟且行。一旦你的人格修养、文化涵养、学科素养等方方面面都达到一定层次，人情世故、天文地理等方方面面都见微知著，都管窥洞明，都举一反三，都大彻大悟，你想不成为名师都难！

值得注意的是，"读书如吃饭，善吃者长精神，不善吃者生痰瘤"（清·袁枚）。如果机械地、不假思索地生搬硬套他人的理论，即使他人的理论既系统标准又完善科学，也难免驴唇不对马嘴。因为，任何理论，都有其产生的土壤和背景，都有其适用的条件和范畴。所以，读书要讲究方法，不要拘泥于僵化的、生硬的、静止的文字，要深刻思考、认真领悟，要去粗取精、去伪存真，要借古鉴今、古为今用，要洞外察中、洋为中用，要"睹一事于句中，反三隅于字外"（唐代刘知己的《史通·叙事》），感悟文字背后的教学理念、教育思想、人生感悟、人生智慧，把他人的理念、思想、感悟和智慧化作我们自己的教育血液、骨骼和肌肉。我把这个过程称作内化，打个不恰当的比喻，就是**不论我们吃牛肉，吃羊肉，还是吃蔬菜，吃水果，都是为了造人血，生人骨，长人肉！**

只有他人的思想和智慧内化成了我们自己的血肉，才能强壮我们的躯体，才能生发出强大的力量，我们行动起来才会得心应手、左右逢源，我们才有可能将他人的思想和智慧应用得恰如其分，应用得恰到好处，才有可能随心所欲地应用、创新性地应用、高效地应用、发展地应用，应用成功！

关于读书方法，我觉得，法国作家罗曼·罗兰所说的"从来没有人读书，只有人在书中读自己，发现自己或检查自己"值得我们学习和借鉴。哪位同志善于领悟、善于借鉴，哪位同志就受益早、受益多。

1930年，18岁的金克木到北大图书馆打零工——做图书管理员。

一天，来了一位身穿长袍的长者，把手中的书单递了过来，金克木一看，来人竟然是清华大学的教授，大名鼎鼎的刘文典，拟借书籍全是珍本和善本。按照规定，金克木恭敬地请刘教授去找负责主事的主任批示一下，刘文典一听这么麻烦，什么也没说，拿起书单悻悻地走了。金克木想到这样的一个大学者借的书，一定值得好好研读，立即抓起一张废纸，凭记忆把书名写了下来。之后，他一有时间，就找来这些书阅读。再后来，每当有大学问家来还书的时候，金克木就留心他们所还的那些书籍，把名字记下来，依靠工作便利认真自学。凭着这种"悟"和"偷"学问的精神，金克木竟然成了一代大学问家。

20世纪70年代，美国人安妮·威格摩尔患上了直肠癌、血毒、哮喘等病。医生宣布她已无药可治，再无生存机会。就在她身心陷入极度痛苦时，她读到了《圣经》中的一段话："有个患病的国王听从上天的训示，到野外像牛羊一样采集青草吃，终于恢复健康。"于是，"心"中一亮。受《圣经》中这件事启迪，她开始研究各种草药及芽菜的功效，创造出了一套以麦草汁当药，以新鲜芽菜及果蔬当食物的生活方式。她的健康状况不断改善，最后，她惊喜地发现，自己的不治之症竟不药而愈，完全康复。35年后，她容光焕发、步履轻盈地登上了在瑞士日内瓦举行的世界医学大会的讲坛，介绍生食疗法在她身上创造奇迹的经历和体会。后来，她出任美国波士顿"活的食物计划"医学研究所所长，以其独树一帜的生食疗法，使无数心脏病、糖尿病和癌症病人获得康复。

印度尼西亚前总统瓦希德，也是一位善于"吃牛肉，吃羊肉，长人肉"的家伙。他非常爱看金庸写的武侠小说,曾多次在公开场合将自己比喻为金庸笔下的郭靖。他还非常善于将书中的谋略应用于政治斗争,曾经不无自豪地、深有感悟地说:"我不过使出一招半式,我的政敌就已经在云里雾里了。"

中国人民的伟大领袖毛泽东同志,更是一位善于"吃牛肉,吃羊肉,长人肉"的高手。老人家酷爱读书,早年,他在湘乡东山高小读书时,除埋头读中国古代的历史外,还喜欢读外国的历史、地理。17岁的时候,他从同学那里借到一本《世界英烈传》,被书中的华盛顿、林肯、卢梭、孟德斯鸠等历史人物的传记深深地打动了,大大开阔了眼界。他说:"中国也得有这样的人物。"即使垂暮之年(1975年),他依旧在眼睛刚刚做完手术,视力稍有恢复的情况下,不听医护人员之劝阻,开始大量阅读,有时竟然一天读上十几个小时,甚至躺在床上量血压时仍手不释卷。难怪美国学者特里尔评价说:"毛泽东对外部世界所知甚多,他不间断地读书,本世纪中期没有任何一位世界领导人——甚至戴高乐也不例外——像毛泽东那样读那么多书,写过那么多东西。"

据现有文字记载,毛泽东至少读了70年《三国演义》。他说过:"看《三国演义》这本书,不但要看战争,看外交,而且要看组织。"1938年,他曾对贺龙和徐海东说:"中国三部小说,《三国演义》《水浒传》《红楼梦》,谁不看完这三部小说,谁就不算中国人。"后来,他又向全党发出号召:"做干部工作的同志,要看《三国演义》和《水浒传》。"并说,"不要去注意那些演义式的描写,而要研究故事里的辩证法。"

老人家还在不同时期这样说过:"《红楼梦》我至少读了五遍。我是把它当作历史读的。""马列主义的书要经常读。""《共产党宣言》,我看了不下100遍,遇到问题,我就翻阅马克思的《共产党宣言》，有时只阅读一两段，有时全篇都读，每读一次，我都有新的启发。""读马克思主义的理论在于应用，要应用就要经常读，重点读。""马克思这些老祖宗的书，必须读，他们的基本原理必须遵守。""但是一切外国的东西，如同我们对于食物一样，必须经过自己的口腔咀嚼和胃肠运动，送进唾液胃液肠液，把它分解为精华和糟粕两部分，然后排泄其糟粕，吸收其精华，才能对我们的身体有益，决不能生吞活剥地毫无批判地吸收。所谓'全盘西化'的主张，乃是一种错误的观点。""无论大事小事，道理都是一样的。"……至于说他老人家从天文地理、哲学宗教、政治历史等方方面面受到启迪、借鉴智慧，悟出了中国革命和社会主义建设的实践真知，读有所得，得而即用，用能生巧，指导中国革命，挽狂澜于既倒，砥柱中流，纵横捭阖，所向披靡，使中国革命转危为安，统帅革命成功，建立新中国的事，同志们通过博览群书、道听途说、街谈巷议，都耳熟能详、烂熟于心，都能够引经据典、巧言增色，我这里不再赘述。

学而不用，没有屁用。

多年来，我也试着按罗曼·罗兰的读书方法读书，颇见成效。

比如，我口中诵读《孟子·尽心上》中的"善政不如善教之得民也。善政，民畏之；善教，民爱之。善政得民财，善教得民心"，脑海中便会自觉把上述文字同步翻译成："（班主任）善于管理不如善于教育得学生也。善于管理，学生畏之；善于教育，学生爱之。善于管理得学生驯服，善于教育得学生之心灵。"

再如，阅读——

孟子："设为庠序学校以教之。庠者，养也；校者，教也；序者，射也。夏曰校，殷曰序，周曰庠；学则三代共之，皆所以明人伦也。"

蒋梦麟："教育有种种问题，究其极，则有一中心问题存焉，此中心问题惟何，曰做人之道而已。"

陶行知："先生不应该专教书，他的责任是教人做人。"

雅斯贝尔斯:"教育帮助个人自由地成为他自己,而非强求一律。""教育是人的灵魂的教育,而非理性知识和认识的堆集。"

纽曼:"大学不培养政治家,不培养作家,也不培养工程师,大学首先要培养学生的心灵,健全地达到博雅的高度,即具有完备的人格。"

苏霍姆林斯基:"请你在任何时候都不要忘记:你面对的是儿童极易受到伤害的、极其脆弱的心灵,学校里的学习不是毫无热情地把知识从一个头脑里装进另一个头脑里,而是师生之间每时每刻都在进行的心灵的接触。"

毛泽东:"欲动天下者,当动天下之心。"

……

我思考、感悟伟人、哲人们的思想,生发了自己的核心教育理念——

教育是生命的乳汁,哺养人的思想和品格。教就是教做人,育就是育心灵。

教育应该担负起唤醒学生内心深处的自信、尊严、自由、良知,从而健全学生的人格,确立学生的人生理想的重任。

教师首先应该是一个大写的人,然后才配做,才能做教育人的教育,才有可能成为一个教育人的教育人。

大教无言。教育,更多的是学生在教师的垂范、熏陶、感染、影响下的潜移默化。因此,教师应在尽量多的领域或方面成为学生的榜样,尤其是德行。只有德行好的教师,才配做学生的领路人。

教师心中有爱,就会看到学生的可爱之处,就会觉得学生可爱。

生活即教育,教育也是生活;社会即学校,学校也是社会。教育就潜藏在教育教学(生活)最常态的日常行为背后,而许多对学生(人)终身有益的思想、观念、习惯、素质等,往往是在学生(人)心灵成长的不经意间悄然养成、固化的。

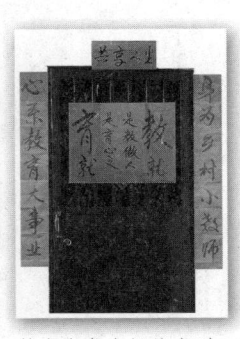

笔者自书自拟的春联

培养学生健全的人格和美好的心灵，是教育最后的宗旨和目的，是教育最高的价值取向和追求。其最佳途径是榜样示范、潜移默化下的自然觉醒和思想行为的自然修正。榜样是最自然的教育，效仿是最有效的学习。

教师若不从心理上回归到青少年时代，与青少年的思想接轨，很难走进学生心灵，走进教育。

教育，从心开始。

班主任教育学生的最高境界，是让学生自己教育自己。班主任是给学生创设自己教育自己的机会，让学生成为对人生充满希望和理想的人！他的主要工作和精力应该放在为学生创设自己教育自己的活动和情境上。当学生自己教育自己的时候，我们对学生的教育才发挥了作用，我们对学生的教育才是真正的教育。

……

现在回想起来，当年在没有任何班主任工作经验，甚至教学经验也极其匮乏的情况下，我能够带领那样 11 位学生，奋斗几个月之后，将升学率净提高 67%，就是我的"教做人，育心灵""教育，从心开始""让学生自己教育自己"等核心理念，契合了教育规律的结果。

有了上述的发现、感悟、应用和"成就"，我读书的兴趣越来越浓，我的干劲越来越大，视野越来越广，思路越来越宽，我对教育、对人生的思考也越来越多，理念也越来越丰富。为防止忘记、丢失，我随思随记，将之发布于我的名为"乡村小教师段惠民"的博客。如果哪位同仁有兴趣，敬请造访拙博客之"段惠民闲言碎语"篇，期待您留言、赐教！

教育的最高宗旨是立德树人

聆听教育部基础教育司德育处原处长孙学策教导

随着阅读量的增加、阅读面的广博，我对教育的思考越来越普遍、越宽泛，越来越习以为常，而越积习成性，也就越来越深刻、越来越明晰，越来越能贴近教育的宗旨、教育的本质、教育的核心——立德树人。

党的十七大报告在阐述党的教育方针基础上，指出，"要坚持育人为本、德育为先"。教育本身是培养人的活动，培养人是教育的基本功能，十七大报告中再提"育人为本"正是强调教育的以上功能，而将德育从原四育中凸显出来，既与我们一贯坚持的教育方针契合，同时又反映了新的历史时代对教育的新要求。

后来党的十八大报告进一步明确指出："把立德树人作为教育的根本任务，培养德智体美全面发展的社会主义建设者和接班人。"

把立德树人作为基础教育的根本任务，说到底就是培养什么人，怎样培养人的问题。

首先，立德树人，指明了基础教育的方向就是育人，要坚持育人为本，通过合适的教育来发展人，改造人，塑造人。

其次，立德树人指出了基础教育的途径是立德，要坚持德育为先，通过正面的教育来引导人，感化人，激励人。

再次，立德树人指定了基础教育的内容就是在传授基础知识、基本技能的同时，突出社会主义核心价值体系，从而规范人，要求人，提高人。

"教学的最高最后的目的，包含在一个概念——德行之中。"（赫

> 先有好的老师，而后才有好的教育；没有好的老师，即使有美丽的校园、现代化的教学技术手段，也很难有好的教育。

尔巴特）"教师使用的强制手段要尽可能地少，学生对教师的尊敬的唯一源泉在于教师的德和才。"（爱因斯坦）"以力服人者，非心服也，力不赡也；以德服人者，中心悦而诚服也，如七十子之服孔子也。"（孟子）"师者，人之模范也。"（扬雄）作为一名教师，要完成党和人民交给我们的立德树人的根本任务，首先，要进德修业，力争做一个道德和情操高尚的人，做学生思想和行为的楷模、榜样。也只有这样，我们才有资格去教化、熏陶、感染自己的学生，才有可能立德于学生的内心世界，并使之得以传承。为什么有的老师声色俱厉、拍桌子打板凳，学生却一点都不买账，而有的老师只传递一个眼神，只看似滑稽地伸一下舌头，学生就知道怎么去做，就做得很好？道理就在这里。

> 师德是教育艺术之源。然而，作为一名教师，仅具备高尚的师德是远远不够的。爱学生与其说是一种情感和态度，不如说是一种能力和技巧。没有教育教学本领，是爱不起来的。优秀教师，师德一定是高尚的，但师德高尚的教师，未必是优秀教师，有的还可能是不合格教师。

关于这一点，各位师长比我还明白，限于时间，不再赘述。

当然，要坚持育人为本、德育为先，实施素质教育，培养德智体美全面发展的社会主义建设者和接班人，做人民满意的教育，不需要大造声势，不需要刻意"创新"，更不可牛不喝水强按头，要顺其自然，要水到渠成，要按照教育的规律做教育，将德育落实到每个岗位、每一位教师，落实到日常的教育教学生活的点点滴滴里，落实到生活中的每一个细节中。事实上，教师的举手投足，班级中的每一件小事，都在孩子们明亮的双眸注视下，都蕴藏着德育的契机。就拿新学期学生入学排座位来说吧，里面就大有德育的机会在。有个小学班主任就做得特别好，她与学生讨论："到底按什么原则来调座位呢？"有学生说,应该小个子的学生坐前面，大个子的学生坐后面，这样大家都可以看到黑板上的字；有学生说，应该学习成绩优秀的学生和学习成绩差一些的学生坐同桌，便于互相帮助、讨论问题；还有的说，应该男女生坐同桌，女生文静，男生调皮时不好意思，受约束，有助于维持班级纪律；有学生说，应该隔一段时间调换一下，防止眼睛斜视……老师接着问："个别家长要求对孩子特殊照顾怎么办?"孩子们说,如果要求得有道理,当然可以,如果没有道理,谁说也不能答应。

您看,这里面有多少德育呀,关心同学、平等交往、民主、纪律、健康,许许多多的道理和优秀品质,学生都在潜移默化当中习得。有老师埋怨没时间做德育,这不就是最生活、最自然、最现实、最灵动、最深刻、最有效的德育吗?如果我们不把调座位当回事,把调座位简单化,不善于抓这样的育人机会,过后再另找时间去刻意"德育"、兴师动众地德育,教育学生关心同学,教育学生互相帮助等等,费大半天劲,效果还不见得好,大家说是吗?

与各位师长分享一个小故事:

吴若安是中国著名教育家,历任上海市民立女子中学校长、上海市教育局副局长等职。退休以后,头发花白,和蔼可亲,有着一双永远笑眯眯的眼睛的她,还经常深入学校指导工作,继续关心教育事业。

20世纪80年代的一天,吴若安得知某学校一数学老师因病请假,便向校方要求义务补上这个空当。

一天,数学小测验的卷子发下来后,杨小霞竟然得了满分,但她仔细看了看卷子才发现,其实她做错了一道题,而且老师也在旁边扣了1分。

这是一道连线题,左边是"一车土、一块砖、一张纸",右边是"1吨、2公斤、3克"。杨小霞在"一块砖"和"3克"之间画了道线,显然这道题是做错了,老师也在旁边扣了1分,可是为什么会是满分呢?

杨小霞再次仔细翻看测试卷,发现老师在最后一道题"一段话"中给她加了1分。

原来,为了培养学生的语言表达能力,老师们通常会要求学生在试卷上写一段80字左右的话。但这段话是不算分的。

杨小霞的"一段话"是这样写的:"我爸爸是个挑砖工。我希望所有的楼都能装上电梯,我希望砖头不要太重,有3克就够了。我爸爸太累了。我爸爸太辛苦了。我爱我爸爸!"

吴若安用红笔在旁边加了1分,还写了一句话:"爱心加1分,你得了满分,祝贺你!爱心满分,祝你永远快乐,我的孩子!"

杨小霞看着卷子上的话,开心极了。

之后,吴若安出现在讲台上,说道:"孩子们,这次小测验你们做得都很好,尤其是老师要求你们写的那段话。有一位同学的话给我的印象很深,你们想知道是什么话吗?"

学生们一个个凝神倾听。

吴若安念道:"……我希望砖头不要太重,有3克就够了……"

杨小霞的心开始怦怦直跳!

吴若安念完了,看着一言不发的学生们,说:"孩子们,你们知道为什么我会因为这段话给这个学生加1分吗?"

"因为爱。"有学生轻声答。

"说得对。"吴若安微笑着,"孩子们,请你们想一想,是谁给了你们生命,是谁把你们从无到有,养成了一个四年级的小伙儿或小姑娘?在这十年多的时间中,是谁时刻在为你们的进步而微笑?是谁为你们的病痛而流泪?是谁为你们的晚归而担心?是谁为你们的衣食而操劳……"

学生们一个个都受到了感染,不知是谁说了句:"吴老师,这段话是谁写的呀?"

吴若安说:"杨小霞,到前边来,跟大家说说你的爸爸……"

杨小霞站到讲台上,流着眼泪开始讲述自己的父亲。

之后,吴若安又问:"孩子们,你们还有谁愿意上来给大家介绍一下自己的爸爸或妈妈?"

学生们一个个抢着举手。

一个学生站了起来，说："我的爸爸妈妈最疼我了，去年我参加冬令营，在外地住了一宿，回来后发现爸妈的眼圈都黑了，不用说我也知道，他们一夜没睡。"

又一个学生说："我的妈妈是一名护士，她总是很忙很忙，因为医院有很多病人，我希望病人们能快点好起来，这样妈妈就可以休息一下了……"

又一名小男生红着脸说道："我对不起我爸爸。我以前总是埋怨他不给我买玩具和新衣服，或者不带我上冰场溜冰。最重要的是每次家长会时，他总是穿着很破旧的T恤衫。我一直认为他对我不够关心，甚至给我丢尽了脸。很长一段时间里，我都怀疑他不是我的亲生父亲。但是，现在想起来，是我错了。父亲是爱我的，他废寝忘食地工作，他节衣缩食地生活，为的只是养育我，让我好好读书。他之所以穿得破旧，是因为我花光了他的钱，他实在没有多余的钱给自己买新衣服。"

……

吴若安一直仔细地注视并倾听着全班学生。最后，她说了一句让孩子们终身铭记的话："孩子们，记住：爱自己的父母才能得到真正的满分。"

吴若安破例给了杨小霞满分，奖励杨小霞对父亲的那份"爱心"！这个特别的满分，让所有的学生都重新认识并且深刻体会是父母给了自己生命，是父母含辛茹苦把自己抚养长大，父母是自己最亲近的人，从而给全班的孩子上了他们人生中极为重要的一课：爱自己的父母，感恩自己的父母！

贵人相助好成长

板凳坐得十年瘦 仍需贵人赞一声

"世有伯乐，然后有千里马。"

先与尊敬的各位师长分享一则小故事：

一个偶然的机会，肖邦结识了匈牙利钢琴家李斯特。两人一见如故，大有相见恨晚之感。已在巴黎上流文艺沙龙声名显赫的钢琴大师李斯特，对才华横溢仍默默无闻的肖邦大为赞赏。他想，决不能让肖邦这个人才埋没。

不久后的一天，巴黎街头登出了李斯特将举办个人演奏会的消息，很快，门票销售一空。

与全国著名班主任郑立平、李迪在郑州机场偶遇。跟成功的人在一起，感染成功者的气息。左为郑立平，中为李迪。

紫红色的帷幕徐徐拉开，风流倜傥的李斯特向观众致意后，便转身坐在了钢琴前。剧场内的灯熄灭后，人们屏息静气、聚精会神地聆听，美妙的琴声时而如高山流水，时而如夜莺啼鸣，时而如诉如泣，时而欢乐激昂。旋律激昂时，一阵阵掌声雷动；乐音悲切时，一片片抽泣之声，观众完全被征服了。

演奏结束，人们跳跃起来，兴奋地高喊："李斯特！李斯特！"然而，灯光一亮，观众大为惊愕。舞台上坐的根本不是李斯特，而是一位眼中闪着泪花的陌生的年轻人。

胸怀终生从教志，夜半清影对孤灯。板凳坐得十年瘦，仍需贵人赞一声。

原来，那个时代，为利于观众欣赏音乐，演奏钢琴曲时剧场内的灯是熄灭的。李斯特便利用短暂的熄灯间隙，来了个"偷梁换柱"，从而使肖邦一夜成名。

之所以与朋友们分享这样一则故事，是因为在我"成名"的过程中，也遇到了一位事业上的贵人——受到胡锦涛同志接见的、全国第一个宏志班的班主任、被称为宏志妈妈的北京广渠门中学的高金英老师。当然，我之"成名"是不能与故事中的肖邦相提并论的，但尊敬的高金英老师提携、举荐我的故事，不消我多说，您也一定明白了。

所以，我说："板凳坐得十年瘦，仍需贵人赞一声！"

晚清重臣曾国藩曾说："古君子多涂，未有不自不干人始者也。小人亦多涂，未有不自干人始者也。"这里所说的"干"，就是干谒：一个自命不凡而又出身低微的文人，要想在仕途上有所进步，除了科举一途外，还得走干谒这条路——就是主动去拜望那些位高权重的人，取得其欣赏，进而获得提携与帮助。曾国藩这句话的原意是说，君子成就人生事业的前提就是不去干谒人，只有小人才走这样的途径。但话虽如此讲，可曾国藩自己早年却正是得益于"干人"才平步青云的，他"干"的那位贵人穆彰阿当时权倾朝野。曾国藩具体怎么"干"的，不需要我在这里多说，总之很得穆彰阿的欣赏和器重，结果就飞黄腾达起来了。

唐代诗人朱庆馀所写的《闺意》："洞房昨夜停红烛，待晓堂前拜舅姑。妆罢低声问夫婿，画眉深浅入时无？"猛看来，人们大多以为是描写一对新婚夫妇的小诗，而事实上则是学子在科举考试后寄给主考官以探听虚实的信。主考官看到诗的最后一句"画眉深浅入时无"，对这位学子更加欣赏，并回诗一首："越女新妆出镜心，自知明艳更沉吟。齐纨未足时人贵，一曲菱歌敌万金。"

一句"一曲菱歌敌万金",给了这位学子一颗定心丸。这一问一答也成了干谒之佳话。

另一位唐代大诗人孟浩然的"八月湖水平,涵虚混太清。气蒸云梦泽,波撼岳阳城。欲济无舟楫,端居耻圣明。坐观垂钓者,徒有羡鱼情"脍炙人口,其实也是一首干谒诗。开元二十一年,孟浩然西游长安,写了这首诗赠给丞相张九龄,以"欲济无舟楫",表达冀其引荐提携之意,只是为了保持一点身份,才写得那样委婉,极力泯灭那干谒的痕迹而已。

这样的事例,史上多了去了。各位年轻的同仁,如果您酷爱教育事业,怀揣着美好的教育梦想,在三尺讲台上辛勤付出,奉献了青春的汗水和热血,教育教学技能和水平又达到了相当的水准,专业成长进入了高原期、遇到了瓶颈,我建议您为了自己的理想和追求,鼓起勇气,该出手时就出手,尽早结交自己事业上的贵人,从而使自己在贵人的提携、鼓励和帮助下,早日突破障碍、实现理想,圆自己美好的教育梦、人生梦。

可能有的老师早有这样的想法,只是担心受到贵人的冷遇,没敢冒进,是不是?

呵呵,大可不必有此顾虑,名人、大家之所以能成为名人、大家,大抵都有相当高的修养,从我个人拜谒名人、大家的经历看,他们大都非常平易近人,和蔼可亲。真的,地位越高,越有名气,就越是惺惺相惜,越是平易近人,越是和蔼可亲,待人如自家人一般!当然,也有个别名人不那么好说话,我也遇到过几位,可那有什么呀?咱也没吃什么大亏,不就是说几句真诚的渴望成长之类的话,套套近乎,或者费几十分钟时间写一封情真意切、不胜感谢的信嘛,有什么大不了的!是不是?当然,人家不搭理我们,也可能是因为我们欲求之名人实在太忙了,抑或我们自己地位太低,不能引起人家的兴趣,是也不是?从另一个侧面想,这岂不更激发咱们后来者拼搏进取,天天向上!当然,还有可能是时机不对,或者其他什么原因。总归一点,咱们要谅解和宽容名人,更要认识到,做事执着,才有机遇,才有成长和成功的可能!

一封信让魏书生成了我的贵人

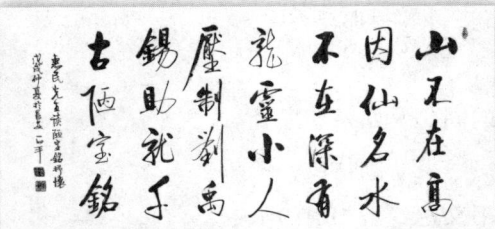

书法家书笔者诗作《读〈陋室铭〉》

当年,作为一名普通的乡村小教师,我与教育名家魏书生老师,是这样交往的:

那是2003年底,当时,我苦闷、彷徨至极,因为走上讲台已有十五六年,虽然我真心爱教育,酷爱教师职业,第一年做班主任,就取得优异成绩,就赢得领导和同事的褒奖和鼓励,就赢得社会的认同和尊重,学生和家长为了表达对我的感激之情、爱戴之意,就给我赠送"师德育人"的锦旗,且作为乡村教师,我取得了突出的教育教学业绩,更有数倍于城里教师的国家级和省部级教科研成果,但是,由于地处偏僻乡村学校,加之曾经的一位校长对我"蹲苗"培养等客观原因,我的付出始终得不到上级部门的认可。一次次遭受打击之后,我狠下心肠要脚底抹油——开溜(转行)。可一想到自己那么热爱学生,那么喜欢与学生在一起自由地呼吸清新的空气,无拘无束地挥洒"青春"的豪情,一想到自己生命中的黄金时代都在学生心灵的天地耕耘劳作,且小有成就,又一百个不甘心。某日,我突发奇想,跳槽之前,何不将自己的教育教学思想以及发表的教育教学论文整理成册,联系一家出版社出版,也算是对自己教书生涯的一段小结?

嗨!这主意不错!可是,请谁为拙著赐个序呢?到底是乡村小教师,没见过多少世面,没接触过什么名人、大家,这个念头一冒出来，脑海里浮现的身影也就是身边的同事和曾经的师长、朋友。事情刚发端，八字还没一撇，也不好意思与周围的人商议，郁闷之极，便将自己的想法说给家人听，还是上初中的儿子脑袋瓜子转得快："爸爸，你不是崇拜魏书生老师，整天说他怎么怎么了得嘛，请他帮忙不就行了！"我一阵惊喜，心里直怨自己犯浑：就是呀，自己身为教师，整天说魏书生老师如何如何了不起、如何如何伟大，如何如何学习魏书生老师，怎么就想不到请魏老师赐序呢？如果魏老师答应，那该多好！可闪念之后，我心里又犯起了嘀咕，人家魏书生老师可是全国十大杰出青年、著名的教育家、全国人大代表、辽宁省盘锦市教育局局长兼书记，是教育界公认的大腕，更有众多的名誉称号和社会兼职，工作不可能不繁忙。我一个普通的乡村小教师，连个校级的先进教师称号都少有，魏书生老师会不会……嗨！别管那么多，只有勇敢地求教才有希望，如果我提出请求，尊敬的魏书生老师不搭理我，那我也就死了这条心了。何况，自己没去请求，怎么就知道魏老师不理我呢？我怎么能这样揣度尊敬的魏老师呢？做事前怕狼后怕虎，畏首畏尾，怎能成事？再说，万一尊敬的魏书生老师收到我的信，大致了解了我艰难曲折的奋斗经历，答应我的请求，我不就幸运了？于是，我坚定地提起了笔。一旦有了信心，浑身上下便充满了正能量，产生了正思维，脑细胞迅即被激活了，拙劣的笔筒自然地流出了顺畅的文字。个人感觉这封信写得好像有点"艺术"，要不要给大家汇报一下信是如何写的？（掌声）

"尊敬的魏老师"，各位老师，您看，我没有称魏书生老师为局长啊，书记呀，因为我感觉称老师更亲切。

亲切的称呼之后，我开始简单介绍，我是河南省濮阳市油田第十五中学的段惠民，我所任教的学校条件多么多么艰苦，我多么多么热爱教育，做出了什么什么成绩，取得了什么什么科研成果，

受到了多么多么不公平的待遇,现在思想多么多么矛盾……之后,我接着写:

尊敬的魏老师,一段时间以来,我非常想给您写信,请您为拙著《教学相长——点燃你心中教育教学研究的火把》赐个序。之所以至今才写,是因为,我知道您作为领导,工作很忙,怕影响您的工作、生活和休息;另一方面,我担心……

同志们,我写了"我担心"三个字之后,不知道接下去如何写了,于是,边思考我手中的笔边在纸上点,直到点了六个点,后来语文老师告诉我,连续点六个点是省略号。(笑)呵呵,开个玩笑。我的意思是请魏老师自己想我省略的内容——魏老师您名气那么大,不理我。

尊敬的魏老师,今天,偶尔看到一则故事,鼓舞了我,我决计要给您写信了。请恕我冒昧,先请尊敬的魏老师看一下这则小故事。

各位同仁,哪里是今天刚看到这个小故事,其实,早在几年前我就看过这则小故事。只是在我决计要给魏老师写信的当儿,脑细胞被激活后,立即想起来了而已。

20世纪20年代初,中国青年汪德耀留学法国,汪德耀是一个文学爱好者,可在相当长的时间里,他的文学事业成长缓慢,撰写的小说等文学作品投稿出去,总是石沉大海,杳无音讯。在汪德耀悲观绝望、打算发誓洗手不干,再也不搞文学创作之时,他猛然想到自己身在法国,而自己又非常崇拜法国作家罗曼·罗兰,非常喜爱罗曼·罗兰的作品，于是他想，何不尝试给罗曼·罗兰写封求教信？如果罗曼·罗兰赐教于自己，说不定自己在文学方面还能够有所成就；如果罗曼·罗兰不搭理自己，再发誓不搞文学创作也不迟。于是，汪德耀就斗胆给罗曼·罗兰写了一封信。令汪德耀喜出望外的是，没过多久，罗曼·罗兰给他回了一封热情洋溢的、鼓励他的长信。从此，汪德耀和罗曼·罗兰交往起来。

　　罗曼·罗兰这样做是有原因的。想当年，罗曼·罗兰搞文学创作走投无路的时候，也像汪德耀写信给他一样，给自己所崇拜的俄国大文豪托尔斯泰，写过一封求教的信，结果等了三个月也不见回音。正当罗曼·罗兰心灰意冷，就要发誓再也不搞文学创作时，托尔斯泰的回信到了。原来，为了让罗曼·罗兰能直接看懂信的内容，托翁一边自学法文，一边查字典，用法文直接回信，花去了整整三个月时间。

　　……

　　信塞进邮筒，我的心一直忐忑不安，不只是担心，更多的是期盼。让我做梦也想不到的是，一星期后，我的手机响了，尊敬的魏书生老师答应我的请求了（掌声）："段惠民老师吗？"一听这非常"熟悉"的音质、声调、语气、语速，我立即感觉到一定是尊敬的魏书生老师，一点也不会错！"尊敬的魏老师好！您收到我的信了？""收到了。""魏老师，您那么忙，谢谢您！""书稿我看了，挺好！只是，我实在太忙，近期抽不出时间，如果等不及，我就题几个字？"又一个星期后，我如期收到了尊敬的魏老师的赐墨："'教学相长同愉悦，师生互助共求真'，祝段惠民老师《教学相长》出版。"一连几天，我一直处于激动、兴奋、愉悦、敬佩、感恩之中。是呀！我激动、兴奋、愉悦的是自己的"勇敢"终于让尊敬的魏书生老师成了自己事业的贵人，我敬佩的是大师的人

> 段老师，作为一个乡村教师，你能走到这步地儿，好！好！
> 一定要守住，守住，努力把每一项工作，每一件小事都做到极致，把工作当作享受，助人当享受，尽责当享受，一辈子就能天天生活在享受之中。
> ——魏书生

梦圆
垂柳绿染舞春风，
鸟雀轻飞花间鸣。
正是人间好时节，
安徽幸会魏书生。

格，感恩于大师对我的鼓励！从此，我改变了想法。别人把我排挤到优秀教师、先进教师之外，我就自己把自己当优秀教师！历尽千辛万苦，取得不凡业绩和丰硕成果得不到认可心里憋屈时，我学会了对自己说"不患人之不己知，患其不能也"，而后继续努力。

平平凡凡的育人教书日子，我过得越来越有声有色、有滋有味、高高兴兴、快快乐乐，我也变得越来越"勇敢"，越来越无畏。机遇的大门，便一次次被我撞开。2005年10月22日，在北京"全国优秀校长、优秀班主任论坛"上，我满怀自信毛遂自荐。组委会经过研究，同意我做即兴发言。没想到，我的原生态的演讲赢得了阵阵掌声。后来，我整理的发言稿还被评为大会交流论文一等奖，而我也被光荣地评为全国十佳班主任。静下心来想一想，如果没有尊敬的魏书生老师当年的肯定、关怀、赐教、鼓励，说不定，我早就转行了。即使不转行，纵有两个胆，我也不敢在如此隆重的会议上"放肆"，更不用说荣获"全国十佳班主任"的殊荣。每念及此，我怎能不由衷地感谢尊敬的魏书生老师！感谢尊敬的魏老师对我的莫大鼓励！

桃李依依春"暗"度 张万祥"指点"迷津

张万祥老师是一位弟子满天下的大师，一个令人尊敬的、仰慕的全国班主任的楷模，一个鼓励、教诲过我的全国德育名师，一位我至今仍然无缘得见的真"佛"，他是天津市班主任研究会副理事长、天津市德育工作者协会常务理事、享受政府特殊津贴专家、中国教育学会理事、德育特级教师。

"认识"张万祥老师，是在2006年12月我以"朝阳班主"的网名，撞入《班主任之友》论坛后不久，从网友网上交流的只言片语中，我初步了解到张万祥老师网上收徒的事情。我想，这对我这个乡村小教师，是一个绝好的机会，我要提出申请，拜尊敬的张老师为师。莽撞的我，在没有了解清楚张老师招收徒弟的具体细节（比如后来知道的网络答卷等程序），更不知当时先生的身体有些小"恙"的情况下，便言辞急切、情真意恳地写信给先生，表达自己的仰慕、尊敬之心，请求执弟子礼。

很快，张老师的回信，在我的期盼中被点开：

其实，你的虚怀若谷，你的勤奋好学，早就给我留下了较为深刻的印象。

收到这封信，既感动，又惭愧。说感动，为你虚怀若谷好学勤奋的精神所感动；说惭愧，你已经获得了"全国十佳班主任"的殊荣，我这一生却没有这样的殊荣，我哪里有为你之师的资格？更惭愧的是，今年以来身体状况极为不佳，也可以说多病缠身，如此身体怎能带更多的徒弟？

不过，在身体允许的前提下，我愿意在今后为你提供一些力所能及的帮助。

……

虽然，我没能在网络中成为先生名义上的学生，立雪张门，但是，"桃李依依春'暗'度"，这并不妨碍我以张老师为榜样，做老师生活中的学生，像他的弟子那样享受先生教诲之幸福！

"时来风送滕王阁！"不久，我从张老师的弟子——河南省郑州市第四十六中学李迪老师（网名：初荷）贴出的文章中，果真就发现了先生写给"我"的信：

应该认识到为谁工作。我干工作时，一向是躲着领导，我一向不以领导的脸色评价自己的工作，决定自己的心情。我不是给他们干的，我不图他们的表扬。我看重的是学生的生命发展状态，看重的是自己的良心。领导不重视，我不管，只要学生发展好就行。我在业余时间坚持写作，不管别有用心的人怎么挖苦、诽谤，黑云压城城欲摧，我自岿然不动。我不是靠领导的肯定支持，我是靠自己的勤奋，靠自己的良心，靠自己的持之以恒，而成为特级教师，享受国务院专家待遇，而成为区政协委员、人大代表。我挺直腰杆生活，虽然我没有得到什么实惠，工资待遇没比同路人高，没有得到提拔（现在有个现象，只要出名，学校就要给个官职，也许他们知道提拔我我也不干，就干脆不提拔了）。

恕我直言，你还有点关注领导的态度，有点摆不正得失的关系。你应该心无旁骛，一心一意、持之以恒走自己的路，不要分心，不要让世俗的名利羁绊自己前进的步伐。风物长宜放眼量，眼睛瞄准前方，坚定不移往前走，走出一片辉煌！

在我心灰意冷、前途迷茫时，尊敬的张老师的教导，为我指点迷津，点燃了引航灯塔，让我顿感"心轻万事如鸿毛"，更让我对先生心生敬仰和向往！

2008年1月底，向先生学习的机会终于来了，尊敬的张老师给我发来一封邮件：

最近，我构思了题为《班主任专业成长的途径——40位优秀班主任的案例》一书，特邀请你赐稿。我很高兴与你合作。为扩大你的影响，为向全国宣传你的事迹和教育思想，我将竭尽全力。

能够被尊敬的张老师看中,能够与尊敬的张老师合作,是我梦寐以求的!是我非常自豪的!是我倍感幸福的!

2月中旬,根据张老师的意见,我将自己草拟的拙稿《爱的成长》第二稿,再次呈给先生。几天后,先生回复,红笔画画、蓝笔圈圈,字字句句勾勾连连、前文后语倒倒颠颠,一个标点符号都不放过,一个副词、连词也要精心甄选……这让我深受感动!先生哪里是在修改我的稿件,先生分明是在用自己的心血浇灌我这一棵孱弱的庄稼幼苗!更何况先生雅正的不仅仅是我一个人的文稿,还有更多老师的文稿!我们年轻人坐在电脑前时间久了,还腰酸背疼、颈椎僵直,何况年逾花甲的先生?!我是一个物理专业出身的教师,不太会遣词造句,没有"一语天然万古新,豪华落尽见真淳"的能力,写不出华丽的语言描述先生"苍龙日暮还行雨,老树春深更著花"的奉献精神。在这里,我仅凭自己的良心说话:拜读先生批阅的拙稿时,我是双眼含泪的,我是泪眼模糊着读先生的!

……

天下教师万万千,曾有几人像张老师这样,为了帮助、提携我们年轻人,为了我们的班主任事业、我们的教育事业,退休了,还这样焚膏继晷、呕心沥血!

有张老师这样的老师做榜样,我们不能不尽心尽力做工作!有张老师这样的老师教导,我们想不体验班主任工作的幸福,难!有张老师这样的老师无私奉献,我们的班主任工作一定会芝麻开花节节高,我们国家的教育一定会更加辉煌!

培养记忆力
——感悟他人的教育智慧案例（一）

"其为人也孝弟，而好犯上者，鲜矣；不好犯上，而好作乱者，未之有也。"（《论语·学而》）意思是说，一个人在家孝敬父母，尊重哥哥姐姐，友爱弟弟妹妹，却在单位冒犯尊长、上司、顶撞领导的，少哇；在单位不好冒犯尊长、上司，不好顶撞领导，而到社会上为非作歹、作奸犯科、祸国殃民的，不曾有过！

"百善孝为先"，"孝"列人生八德——"孝、悌、忠、信、礼、义、廉、耻"——之首位，因此，要立德树人，就要从孝敬父母入手。

刚接一个新班没几天，一位学生的母亲来到我的办公室，进门没说几句话，便伤心哭诉："爱人长年在外地钻井，孩子从小到大都是自己一个人带，十几年来含辛茹苦好不容易把他养这么大。可是，现在孩子却非常叛逆。这不，段老师，我感冒了，昨天在医院打点滴，做饭迟了些。儿子放学回到家，用脚踢开门，一看饭菜没有摆上餐桌，连一声妈都没叫，便没好气地对我粗声大叫：'你死哪儿去了，到现在饭还没做好！'"

"夫孝，德之本也，教之所由生也"，孝是一个人德行的根本，教育要从孝开始。对学生进行德孝教育，让孩子学会知恩、感恩、报恩，是我的班主任工作一贯的主张和做法。每接一个班，我都会按计划对学生进行日常德孝教育，但多年的经验告诉我，初中年龄段的学生，往往对正面说教不感兴趣，甚至非常反感。那么，怎样对这个学生乃至全班学生进行德孝教育呢？

苦思冥想两天后，我召开了"培养记忆力"主题班会。我先是向学生介绍高招形势大好，各省（直辖市）升学率大致在50%—70%范围内，学生听了都非常兴奋。之后，我又介绍中招升学率只有36%左右，好多学生在十五六岁便失去了深造的机会，差不多就失去了追求人生美好生活的基础和平台，同学们听了心里都很焦急。这个时候，我继
续分析：中考和高考，最注重考查的、最主要考查的是思维能力和记忆能力，而记忆能力又是思维能力的基础。

我开始煽风点火："那么，同学们，为了两年后我们能够考入理想的高中，今天，我就来帮助同学们培养记忆力。好不好？"

"好！"同学们异口同声地说。

"同学们，我非常高兴接任咱们这个班的班主任，为了尽早地认识每一位同学，方便开展工作，现在，我想请同学们帮我写一个座次表。哪位同学愿意帮我？"

"老师，我来帮您写。"

"老师，让班长写，他的字写得漂亮！"

……

"座次表好写吗？"

"好写，都会写。"

"写不错？"

"绝对写不错。"

"那这样吧，全班同学每人写一份，我也好看一看谁办事认真。为了区分，座次表写好以后，谁写的谁就在自己的姓名下画一道线。"

"好吧！"

不一会儿，座次表交上来了。

"同学们，你们都写得很认真，可是，只有一两个学生写得正确。"

"啊？不可能吧？！"

等投影出来，大家明白了：原来方位搞错了。

之后，我让学生自习，自己则拿着座次表，一个个辨认学生。十多分钟后，我便能不看座次表，将四五十个学生的姓名点得丝毫不差。同学们大为惊讶。正当他们惊诧于我超强的记忆力之时，我抓住机会引导："行为心理学研究表明，一个人的观念和行为要形成习惯，至少需要21天的重复练习。当然，训练时间更长一些的话，养成的好习惯更牢固。同学们如果真心希望跟着我学习培养自己的记忆力，就必须坚持做21天，甚至更长时间。大家能不能坚持到底？"

"能！"看到我只用十多分钟，就记住了全班每一位学生的姓名，同学们更坚定了培养记忆力的信心。

"那好，咱们就先试验21天，来检验一下你们的记忆力。"

"现在，我们先找一段文字，大家背诵一下，看谁背诵得快。"

同学们争相推荐文段，可不论谁推荐的文段，都存在推荐者已经熟悉或背诵过的嫌疑，都不能被大家认可。

在一片争吵声中，我手拿报纸在学生眼前晃过来晃过去。"同学们，用哪一段文字公正，用哪一段文字公平呢？"

这时，有学生提议："老师，就从你手中的报纸上找一段文字吧！"

"对，从老师拿的报纸上选一段文字，最公平，最公正！"同学们异口同声地喊。

"好，咱们开始比赛谁最先背会，记忆力最强！大家谁都不准做笔记。"

"好！"同学们齐声喊道。

"那好，从今天往后，二三十天时间里，我会不定时地来班里抽查，大家能坚持不？有信心吗？"

"能坚持！有信心！"

尊敬的各位师长，以上环环相扣的每个情境，都是我精心设计的迂回策略，用这种方式进行德育，可以在不知不觉中，化抽象为形象，化深奥为浅显，化被动为主动，往往能产生"随风潜入夜，润物细无声"的教育力量，收到更大的、更好的教育效果。

接下来我们来细细分析。在学生了解、明确了中高考的形势，认识到记忆力的重要性的背景下，听到我说要指导培养记忆力时，他们的积极性就已经被调动起来了。接下来，写座次表这件看似简单的小事让同学们明白了一个道理：不论多么简单的事，不做，学不会。这个观念一旦置入学生的头脑，对学生提高学业成绩，对他们的成长都大有裨益。比如，对于自认为会做的作业，学生可能为了节省时间想抄袭他人的，但一忆起这个道理，学生就会打消抄袭的念头而亲自去试一试。长此以往，就避免了眼高手低，学习也就会不知不觉进步了。

至于我刻意向学生强调不准做笔记这个原则，其实是在利用初中学生的逆反心理施教——老师越强调不让用笔记，学生课下越会想方设法背默这段文字，去抄写练习。

回到主题班会上，在同学们的强烈建议下，我"装模作样"地选来选去，最后，我将手里的《德育报》上刊登的《孝敬父母十条》，投影在屏幕上，全班学生立即叽里呱啦地猛背起来。

每隔几天，我会考查他们的背诵情况。期间，我给他们讲家境贫寒的谢里曼如何采用"完全背诵法"学会了15国语言，讲世界首富比尔·盖茨7岁时背会大约3万字的《马太福音》等等，以此来激发学生培养记忆力的兴趣，提醒学生培养记忆力实验——比赛记忆力仍在进行中，更在不知不觉中，强化了其孝敬父母的

1. 对父母讲话态度恭敬，语气亲切。
2. 听从父母教导，不顶嘴、不发脾气，不让父母生气。
3. 上学时要和父母说再见，放学回家要向父母说我回来了。
4. 平时出入家要和父母打招呼，告诉父母地点、时间，免得亲人挂念。
5. 吃饭时要等父母一起吃，好菜要先让父母吃，让父母多吃，自己少吃。
6. 父母下班要为父母倒茶，让父母休息。
7. 记住父母生日，到时向父母表示祝贺，并做一件让父母高兴的事。
8. 父母不舒服要勤问候，父母生病要为父母端水送药。
9. 在生活方面向条件低的同学看齐，不向父母提过高的要求。
10. 自己能做的事自己做，并尽力帮助父母做力所能及的家务。

意识。

我还向学生介绍了著名九段棋手江铸久，他的日语水平相当高，他小时候在老师独特的教法（背诵）下，只学习了二十多天日语，就已基本掌握了学习日语的方法。

几周过去了，待同学们将《孝敬父母十条》背诵得滚瓜烂熟之后，我又召开"畅谈背诵体会"的主题班会，一方面检查背诵情况，一方面让同学们互相分享经验，谈一谈如何提高背诵速度，怎样保持记忆。

有学生说："就像段老师常给我们讲的科普作家高士其介绍的方法，'学外语就像交朋友一样，朋友是越交越熟的，天天见面，朋友之间就亲密无间了'，重复的遍数多了，我就记住了。"

也有学生说："这几周，我不仅学会了记忆，更体验到了学习的快乐，好多原来不会做的数理化题，在背熟定理、公式之后，就可以解出来了。"

还有学生说："我感觉家庭气氛变温馨了。"

"咦？怎么还跟家庭气氛有关系？"我故作不解，提高声调问道。

"老师，我的习惯改了，回到家里，对父母恭敬，有礼貌了，所以爸爸妈妈脸上的笑容多了，心情也快乐了！"

紧接着，我引导学生讨论：今后，如何学习各门功课，提高学业成绩？自己成长的过程中，父母是怎样爱自己的？自己又是怎样回馈父母的爱的？今后打算怎样回馈父母的爱？……最后，我还建议同学们自拟题目写感想。

一篇篇情真意切的周记交上来了，我批改着，欣赏着，感动着……我建议写得较好的几位学生，将自己的文章投寄报刊社。结果，杨颖、陈素媛、赵俊芳等多名学生的《可怜天下父母心》《孝敬》《普通的父亲，平凡的爱》等多篇习作，分别发表在《中国教师报》

《中国中学生报》《语言文字报》等报刊上。

　　这次培养记忆力的活动，只是我为进行德孝教育而精心"烹制"的开胃菜。为了回归"德孝"这个主题，我巧妙地"引导"学生选择记忆材料，那天他们都把精力集中在培养、检验自己的记忆力上了，哪里会意识到，周会内容是我花费几天时间精心设计的，我手中的报纸也是事先准备好的。培养记忆力只是我设计的一个噱头，我真正的意图是让他们先背会、背熟这些规则，进而形成稳固的思想观念，再潜移默化成自己的日常行为。同时，我还抓住机会在德育中渗透学习方法的教育。在检查学生背诵情况的阶段，呈现一些名人培养记忆力的典型事例，一方面可以强化学生背诵的兴趣和积极性，一方面也让他们学会找寻适合自己的有效记忆方法。学生熟练背诵《孝敬父母十条》的同时，自觉地形成了孝敬父母的意识，变得越来越懂事，行为习惯也越来越好，父母能不高兴、家庭氛围能不改变吗？但这还不够，为了让教育功能辐射到更宽广的层面，让德孝观念渗透到每个学生的灵魂深处，我又顺势引导学生反思并记录下感想，让培养记忆力实验的成果在孩子们的体验和感悟中升华。很明显，我的"乘胜追击"不仅让学生体验了成功的欢乐，坚定了学习信心，更重要的是，让他们明白了如何孝敬父母、长辈，以及怎样做人。正如有的家长所说，"自从段老师接任班主任，孩子越来越懂事了，放学回到家，又是帮我做家务，又是为我端茶送水……"

　　作为人类灵魂的工程师，我们要充分尊重学生的主体地位，发挥教育者的主导作用，促进思想道德主体——学生的自我教育、自我形成、自我发展。应该克服说教为主的教育弊端，力求与学生建立一种民主、平等、教学相长、其乐融融的师生关系，拉近师生心灵之间的距离，从而彼此尊重、接纳、理解，达成自由、宽松、和谐的教育环境。在此基础上，充分彰显自己的人格魅力，

教育是清水出芙蓉，是随风潜入夜，是天然去雕饰，是润物细无声。

充分发挥自己的聪明和智慧，从受教育者的现实生活和成长实际出发，灵活多样地采用人际交往、情感沟通、言传身教、榜样仿效、经典诵读、考察体悟、躬身践行等富有人文特点的教育方式和方法，营造一种具体的、形象的教育情境，循循善诱，启发诱导，使学生积极参与到教育过程中来，给他们以心灵的润泽和滋养，唤起他们内在的道德需要和思想自觉，进而在潜移默化的熏陶和动人心弦的共鸣中，主动实现思想道德的内化。

教育是慢的艺术，唤醒学生心灵，让他们改正错误、脱胎换骨、健康成长是需要时间的，班主任要善于引而不发，耐心等待，等待学生自己醒悟、自己教育自己。**当学生能够做到自我教育的时候，我们对学生的教育才发挥了作用，我们对学生的教育，才是真正的教育。**

班主任应该是引领学生精神发育、心灵成长的太阳！班主任的主要精力和工作，应该放在为学生创设自己教育自己的机会和情境上，并成为这方面的高手。

化妆
——感悟他人的教育智慧案例（二）

著名的英国生理学家查尔斯·谢灵顿，年少时不学无术，横暴乡里。父母亲朋都很着急，在鼓励、劝说、争吵、责骂都无济于事的情况下，只能任其颓废下去。有一次，谢灵顿向一位心仪的姑娘求婚，却遭到了断然拒绝，还受到姑娘的蔑视和羞辱："我宁愿跳进河里淹死，也不会嫁给你这样的浪荡子！"心仪姑娘的蔑视和羞辱让谢灵顿羞愧难当，更让他幡然悔悟。从此，谢灵顿弃恶从善，发奋苦读，终成大器，成为伟大的科学家，并于1932年获得诺贝尔生理学或医学奖。

比起空洞乏味的重复说教，来自心仪姑娘的言辞刺激，更能给谢灵顿带来心灵的震撼，从而促进他自我意识的觉醒——这也许是促使一个人改变的最大最有效的力量了。

日常的教育教学实践中，我们经常会听到许多老师，尤其是班主任抱怨：老师真心诚意地为学生好，可是他们却无动于衷，非但没有听从劝告，更没有按照老师的建议去做。老师的建议、劝告和教导，都是站在老师的角度和立场上考虑的，那些只能代表老师个人的感受和想法，尽管听起来头头是道，可若没有通过学生的切身体验，转化为学生的自觉意识，就很难化作真实的行为和行动。作为老师，想要在德育上实现良好的教育效果，就要千方百计地为学生创设丰富多彩、生动活泼、喜闻乐见、易于接受的教育情境，让学生在情境和活动中亲身体验，在亲身体验中生发感悟。通过创设教育情境，把老师的感受、想法、评价、建议、决定等，潜移默化为学生自己的感受、想法、评价、建议、决定，从而达到让学生自己教育自己的目的。届时，老师不用多费心，学生就脱胎换骨了，因为他们的自我意识觉悟了，心灵被唤醒了。

一天早晨，我班几名学生拍着篮球走进教学楼，不小心将教学楼大门的玻璃碰碎了，校长一路小跑闻声立至，但哪能跟得上做错了事急欲溜号的学生！校长追进教室，只见学生们都在若无其事地看书、说笑。既担心伤着学生，又想尽快查出肇事者，校长急切地询问："刚才哪位同学不小心碰到了玻璃？伤着没有？"

"校长，我们早就来了，玻璃不是我们碰碎的！"

"是呀！我们也听到了玻璃破碎的'哗啦'声，不知是怎么回事？"

"不就是一块玻璃嘛，又不值多少钱！如果是我们打破的，还能不敢承认？"

同学们七嘴八舌地议论起来，纷纷急着撇清与他们的关系。

校长找到我说："我清清楚楚地看到你们班几位男生玩着篮球进教学楼，把门上的玻璃撞坏了，可他们就是不承认。还好，没伤着学生。"

"校长，您放心。我一定弄清楚是怎么回事！"

随后，当着全班学生的面，我拿出20元钱，让学生去后勤处交钱，请师傅先将玻璃装好。

已经向校长打了保票，我深知接下来的任务之艰巨，但我并没有急于求成。我一直坚信，德育的目的，不是向学生灌输道德规范和价值观念，而是要使学生把道德规范和价值观念转化为思想自觉和切身行动，这是一个漫长的内化过程，因为心灵的成长不是一蹴而就的，"桃三杏四李五年"。在这个过程中，教育者要一点一滴地去做大量的培育心灵的小事，经由这些漫长的过程和点点点滴滴的细节,"潜泳、潜游"到学生生活的海洋里,与学生交朋友,感触、关心学生的情感温度,把握每一个孩子心脏跳动的频率,才能使教育真正地进入学生的心灵,去完成学生思想上"善的、正确的"认识积累,为实现认识上质的飞跃做好准备,进而持续影响学生一生的成长。这就要求我们教育者在教育实践中,不能心急,要有足够的耐心。如果你急于求成、草率解决问题,很可能达不到教育的最佳效果,甚至会适得其反。于是,我引而不发,耐心等待。

德育必须依靠学生身心体验后产生感悟之后的自觉行动来达成。

一个多月后,估计肇事的几位同学已饱尝了"内疚""自责"等体验,全班同学也忘记了这件事。一天晚上,我往脸上抹了一块灰,走上讲台,说道:"同学们,今晚我不能与大家共同学习了,我要去开一个紧急会议,你们先自习,等我回来开班会。"不知内情的学生看到我的"光辉"形象,有的偷笑,有的指指点点……我故作不明白,转身就往教室外走,学生急忙喊住我,但又不好意思直接说我脸上有灰,僵持了一小会儿,有反应快的学生送上小镜子。我擦干净脸后,感谢了学生们,就急急忙忙去"开会"了……

"会议"结束后,趁感谢学生之机,我让他们思考并讨论:面对同学的缺点和错误该怎样做?对于他人指出自己的问题又该怎样对待……

"他人给自己指出缺点和错误,应该真诚地表示感谢。"

"要虚心接受,诚心改正。"

"好朋友有缺点和错误,应该帮助他及时指出来,不然的话,不够哥们儿。"

……

"同学们,以前你的哥们儿姐们儿犯错误时,你有没有及时帮助他(她),给他(她)指出来?"

同学们屏息静气、若有所思一会儿后，前排的亮第一个举起了手："老师，我知道教学楼大门的玻璃怎么打破的。"

他的话还没说完，另一个学生哲，随即腾地站起来："老师，上个月，是我不小心用篮球砸烂了楼门玻璃，因为怕挨校长批评，怕扣咱们班的考核分数，没敢承认！这几个星期，我心里一直惭愧、不安、心慌！总觉得同学们在背后戳我脊梁骨，说我打烂玻璃让老师赔钱，不仗义！老师，我错了！明天我就带钱还给您。"

亮接着说："老师，我也不对，当时明明知道是哲打烂玻璃，却碍于面子，没告诉老师，既没有帮助哲分析错误，还和哲一起又犯了一个欺骗老师、欺骗自己的错误。"

"老师，幸亏当时门口没有学生走动，万一有学生经过，玻璃碴儿迸进、刺伤眼睛，那后果不堪设想。"

"以前，老师经常教育我们要守规则、守纪律，我们还以为没有必要，感觉我们都长大了，不需要老师唠叨，更没有考虑过后果。今后，我们想踢球，一定到球场去踢，一定守纪律、守规则……"

事实证明，将解决问题的方法置于精心创设的情境之中，这种德育比单纯的批评教育要有效得多。就打坏玻璃这件事，假如我当时立即将几个学生"请"过来，单独"审"问，凭对青少年心理的揣摩和了解，凭多年来与学生打交道的经验，可以说，不用太费心思和口舌，很快便可以找到肇事者。可是看似解决了问题，但实际上呢？学生能不能从思想上认识到这种行为的错误和危害？答案很可能是否定的。说不定他们会这样"检讨、反思、总结"：从此以后，再犯类似的错误，应该如何对付老师的"审问"；想办法找出嘴巴不严、向老师泄密的学生，私下修理报复……

回过头来，各位师长想一想，校园惨剧中，有几个学生是因为替爷爷奶奶报仇，为爸爸妈妈雪恨，将自己的同学致伤、致残、

致死的呢？都是因一些鸡毛蒜皮的小事，与同学发生矛盾，而我们为人父母者，为人师者，又处理得不及时，处理得不公平，处理得不妥当，从而使问题和矛盾升级，最终酿成惨剧。

智断眼镜纠纷
——感悟他人的教育智慧案例（三）

"段老师，您快去看看吧，小张和小李吵得可凶了，就要打起来了！"一个学生心急火燎地跑过来向我报告。

我急忙赶过去。邻班的小张一看见我，就像盛炸药的桶内迸进火星一样爆炸了，他怒气冲冲地用手指着我班的小李，高声说："段老师，您来评评理，我把他眼镜的一个镜片踩坏了，可他竟然买了一副两百多块钱的新眼镜，非让我爸妈给他'报销'！"

听了小张的话，我把目光投向小李。小李也不甘示弱："段老师，他说他踩坏了我的眼镜，我修眼镜花多少钱他都包赔。现在我眼镜买回来了，他又不愿赔了！段老师，您说，他踩坏的眼镜我不让他赔让谁赔！"

原来，几天前我班小李和小伙伴在篮球场打篮球，担心眼镜掉水泥地上摔坏，就将眼镜放在篮球架下边，谁知，来看热闹的邻班的小张一不小心踩烂了一个镜片。小张很诚实，在他人没有看到的情况下，不但没有溜走逃避责任，还主动找到小李，诚恳地说愿意包赔损失。

小李生活在一个单亲家庭，家境较差，妈妈一个人养活他和姐姐很不容易。我估计是小李早就想买一副好一点的眼镜，但一直没敢张口问妈妈要钱。小张把他的眼镜踩坏之后，小李认为这次可逮住了一个好机会，于是便趁机配了一副较贵的眼镜。

想明白之后，我不由得气不打一处来：这个小李，怎么能这样讹诈别人呢？一定要严肃地处理他，还小张一个公道！

可是，班主任处理事情怎么能这样冲动呢？我强迫自己冷静下来，认真思考整个事件的每一个细节。苏格拉底说过："人无论做什么总是做善事，就是说，按照他相应的智力水平，按照他理性的具体程度，做他认为似乎善的、有用的事情。"也有人说过："小孩子不是缩小了的成人。"我心里想：万一小李不像我猜测的那样，不是要小心眼、讹诈小张，而只是站在自己的立场上，做自己认为是善的、有用的事情呢？我一味训斥他岂不是冤枉了他，还不能使他认识到自己的错误？再说，即使小李果如我猜想，也是情有可原的。作为人，谁不想吃好穿好用好，在人前体面些呢？谁能说自己从来就没有一点自私、想占便宜的心理呢？更何况一个十多岁的孩子！而且小李这样做，一方面是因为他家庭经济拮据，不愿向妈妈要钱配新眼镜，这是孝的、善的；另一方面是他对小张承诺愿意包赔损失有所"误解"甚至"曲解"。我们作为教师，尤其是班主任，怎能不自觉地把自己置于一个道德的评判者的高度，按照成人的标准，从"恶"的角度去臆测、评判学生，然后带着刻板与严肃，甚至冷漠与偏见抑或蔑视或成见去教育学生呢？再说，青少年学生正处在成长阶段，他们不可能完美无缺，他们有犯错误的权利。对他们的冲突如果处理不当，极有可能激起学生的逆反心理，把他们推向教育者的对立面。

想起了苏联的苏霍姆林斯基的一则教育故事：

校园里开出一朵硕大美丽的玫瑰花，师生们很喜欢，每天，都有一群群老师和学生来观赏。一个早晨，有一位小女孩摘了这朵花，抓在手里，从容地往外走。刚好被苏霍姆林斯基看到了。

"孩子，你摘这朵花送给谁？能告诉我吗？"

小女孩羞涩地说："奶奶病得很重，我告诉她学校里有这样一朵大玫瑰花，奶奶有点不信，所以我摘下来送给她看，看过之后，我就把花送回来。"

苏霍姆林斯基的心颤了一下。他搀扶着小女孩，又摘了两朵玫瑰花，说："这一朵是奖给你的，你是一个很懂爱的孩子；这一朵是送给你妈妈的，感谢她培育了你这样好的孩子。"

冷静地思考了一会儿后，我决定让小李先回避一下，就劝慰了小李几句，让他先去上课了。然后，我对小张说："本来踩坏小李的眼镜，其他人都没看见，只有你自己知情，你完全有机会偷偷溜走了事。可你不但没有走，还主动答应赔偿，你真是一个好学生，一个诚实、正直的好学生！你先去上课吧，请相信段老师会还给你一个公道的！"

可是，怎样才能让小李认识到自己的贪心和错误，又使小张赔得合理、赔得情愿，顺利化解这场纠纷呢？

我认真思考了一番，终于有了主意：解铃还须系铃人。我应该想办法让小李来个换位思考，体验一下小张心中的那种委屈、怨气，还有被讹诈的感觉，让小李自己认识到错误，进行自我教育。考虑到小李才十多岁，对老师的话比较容易产生逆反心理，我决定反其道而行之，来一个"欲擒故纵"。

于是，放学后，我将小李请到办公室。

小李前脚刚迈进办公室，我习惯性地一边迎接一边给他拉椅子，"孩子，坐！"

各位师长都知道，最近几年在同仁们中间，尤其是小学、幼儿园教师中间流传着这样一句话，叫作："蹲下身子与孩子说话。"我的理解是，教育的前提是尊重孩子，而尊重孩子不是停留在口头、形式上的，应该是发自内心，应该落实到行动中，落实到日常与学生点点滴滴的交往中。如果我们内心始终"站"在师的高度，认为学生就是被教育者，即使我们蹲在地上，学生站着，比我们高，也不平等，您说是不是？

小李在我的侧面坐了下来。

"小李，你的眼镜真是小张踩坏的？"我明知故问。

"那还有错？老师，是他自己承认的！"

"果真是他踩坏的？"

"如果不是他踩坏的，我一分钱不让他赔！如果我不说实话，任怎么惩罚我都成！"小李一拍胸脯，理直气壮地说。

"让他赔！少一分钱也不行！"我顺势激动地说。

"杀人偿命，损坏东西赔偿，天经地义！既然他承认是他踩坏的，一定得让他赔！"

小李的话音刚一落地，我立即佯装激动地一拍桌子，大声说道："你可以走了！"

听了我这句话和我这种替他说话的口气，小李可能感觉小张毕竟是外班的学生，我作为他的班主任一定是在帮他，甚至在偏袒他，他的脸上不禁流露出一丝难掩的得意。当然，小李之所以有这样的感觉，是有背景做支撑的，因为他知道，他们的班主任段老师非常关心、爱护班里的每一位学生，而且小李他本人就有切身感受。就在几个星期前，小李肚子疼，我接到学生报告，冒着小雨，及时将他送到医院。后来，他妈妈带他到我办公室致谢，考虑到小李家庭经济状况不好，我没有接受他奉还的我为他垫付的医药费。

小李感觉平时我比较关心他爱护他，又听了我如此的话语，所以，脸上自然地流露出了得意的表情。而这刚好被我看似无意、实则早有准备的观察捕捉到。

瑞士教育家裴斯泰洛齐说："每一种好的教育，都要求我们教师用母亲般的眼睛，时时刻刻准确无误地从孩子的眼睛、嘴巴、额头的动作了解他们的内心情绪的每一种变化。"所以，善于察言观色，捕捉学生思想情绪的动态变化，是任课教师，尤其是班主任，了解学生、把握教育契机的一种常用手段和基本功。

小李转身就往外走。各位老师可能要说，段老师，你还是全国十佳班主任来，就这样处理事情？

哪能呢？小李刚走了两步，我故作着急地又喊住他："哎，不对不对，小李，回来回来。"

"老师，还有什么事？"

我与小李对视一下，面露愁容、佯装思考状，不紧不慢地说："可是，让他赔多少合适呢？"

"把我买眼镜的钱赔我！"

"应该！应该！不过嘛——"我话头一转，"段老师眼睛好，也没戴过眼镜，更没有配过眼镜，不知道行情。如果不问清楚就让小张赔钱，我担心小张不服，也担心别人会说我糊涂。这样吧，麻烦你先去问一下你的哥们儿。"我停了一下，连忙改口，"不不！千万不能问你的哥们儿，他们年龄小，不懂事！你最好去问大人，问你比较亲近的、值得你信赖的人！"

"好！"

小李一边答应着，一边转身又走，刚迈出两步，我又喊住他："哎，回来回来！为了公道，小李，你最好这样问……"

"怎么问，老师？我听你的！一定照你说的去问！"可能小李感觉我又是让他去问自己的好哥们儿，又是让他去问自己比较亲近的人，值得信赖的人，都是偏向他，所以他对我的话深信不疑。

"小李，你先拿着那个被踩坏的眼镜让人看看，然后这样问：'叔叔、阿姨，这是小张的眼镜，被我踩坏了，你看我该赔他多少钱？'我告诉你，中午放学以后，你抓紧时间去问，这样下午我就能给你们解决问题。"

"行！"小李满意地走了，我也满意地笑了。

那天放学回了家，小李顾不上吃饭，就拿着眼镜去问一位邻居阿姨，阿姨说："你不就弄坏他一个镜片吗？我看赔个一二十元就行了……"

小李又去问一位叔叔，叔叔的回答和阿姨差不多。

小李忽然想到，段老师说不让我问我的哥们儿，是不是有什么问题？不行，我一定得去问我最要好的、关系最铁的哥们儿。

没想到，关系最铁的哥们儿说的话更不中听："就这么个破镜片哪，如果让你赔的钱超过十元那就是讹你，你就去告诉老师，不能随他的意！再说，也就是摊上你，任他欺负，如果是我的话，我一分钱也不会赔他！"

"为啥？"

"为啥？他如果把眼镜放在桌面上，放在该放的地方，我给他弄坏了，我赔他多少钱，都赔得心甘情愿。可是，他放在篮球架下，那是放眼镜的地方吗？我还怀疑是他故意放在那儿，专门让人踩坏让人赔新的呢！反正如果是我绝对不会赔他！"

小李愣住了！他没有想到，当他把自己的身份调换成"小张"时，大家不但认为踩坏了别人镜片不该赔太多钱，甚至还说根本就不该赔钱！是呀，假如是自己踩坏了小张的镜片，自己会不会主动承认，并提出赔偿？如果小张买了一副两百多块钱的眼镜让自己的父母报销，自己会不会愿意？

随后的几天，小李再也没有找我说过向小张索赔的事。我想，可能是我的妙计见效了。

果然，一天批阅小李的周记，我看到了如下文字：

段老师，关于眼镜的赔偿问题，我已经自己解决了……段老师，谢谢您！通过您的开导，我现在明白了，我只站在自己的立场上，考虑自己的利益，让小张赔个新眼镜是不对的，真是太丢人了！

我已向小张道了歉,他也赔了我 30 元钱……段老师,我真的很不好意思。您放心,今后再遇到类似的事,我再也不会财迷心窍了!

一件棘手的纠纷,就这样风平浪静了。从这件小事中,我也深刻地认识到:作为教师,尤其是班主任,在日常的教育教学实践中,应该时时、处处、事事从"善"的角度来看待我们的学生,站在他们的角度思考他们产生种种问题的原因,在摸清、把准学生的思想脉搏的基础上,根据学生的生理、心理特点,以及具体的现实生活、成长实际等情况,设计出适合学生的教育方式和方法,循循善诱,让学生将老师的意图当作他们自己的意图提出来,使学生在解决具体问题的过程中实现教育自己、革新灵魂之目的,达到"教是为了不教"的教育境界。

永远的秘密
——感悟他人的教育智慧案例（四）

下面，我再与大家交流一个案例——永远的秘密。

2006年4月25日，校长与我商量："段老师，你考虑一下，你方便接任一年级一班的班主任不？"二十几年前我就明白，校长与老师商量事情就是安排工作，我当然应该服从命令听指挥，当然应该高高兴兴地答应、照办。可是，如果在半年前，就这件事，我会真心诚意地回应、建议校长："先让其他任课老师带着，到初三再把这个班交给我，我一定把班带好！"为什么呢？

各位老师还记得我是教什么课的吗？对，物理。各位老师都知道初中二年级，或者说是八年级才开物理课，可我们中原油田的九年义务教育施行的是五四学制——小学五年、初中四年，因此，在我们中原油田的初中，八年级就是初三了，如果不带课只任初中一年级的班主任，工作不好入手，您说是吧？事实上，二十多年来，我也都是接任初三年级班主任，当然，也就从未接到过纪律好成绩好的班。您想，学生一入初中，语数外老师由于带课自然而然地会被任命为班主任，如果人家带班很顺，操心不多，班主任津贴不少拿，谁愿意把班扔了？况且我们这里教师工资不高，班主任津贴还比较可观。一旦别人宁愿不要比较高的班主任津贴，也要把班扔了，那这个班也就差不多乱到极点、烂到极点了。所以，二十多年来，我带过十多个班，都是乱班、烂班。可是现在回过头来想一下，这反而是我的幸运！正因为这么多年我带的都是乱

所有的社会问题都是人的问题，所有人的问题，都是教育的问题，所有教育的问题，都是心灵的问题。因此，最优秀的教师，尤其是班主任，都应该是学生心灵密码的最优秀的破译者、修复者。

班、烂班，我才比其他的同事多了动脑筋解决问题的机会，多了成长的机遇，才成就了我！您说对吧？

在座的各位老师，说不定下周回到学校，校长要您接一个乱班，如果是以前，您可能会这样想，好班不让我接，让我接乱班，我给您管住班级，学生不出事就行了。大家想一想，如此心态下能把班带好吗？今天咱们交流过后，再遇到这种情况，您可能会不露声色地跟校长说"校长，我试试吧"，可心里已经偷着乐——我成长的机遇来了。

那么，为什么校长在学期中间来找我接任班主任呢？原来，2006年春节放假期间，这个班的班主任身体不舒服，去医院一检查，癌症。前几年提到这位同事，我都说他患了病，现在说什么都无妨了。2009年春天，俺同事走了。提起这事，我真心诚意地建议各位师长，在忠诚党的教育事业，育人教书的同时，一定要注重锻炼、保养自己的身体，要健健康康五十年，育人教书一辈子，您认可吗？（掌声）

当时，俺这位同事不能工作，继任班主任的老师，尽管工作积极性高、干劲大，但由于年轻缺乏经验，方法欠妥，春节后开学一个多月，这个班就乱成了一锅粥。乱到什么程度呢？长话短说，大部分渴望学习的同学正在商议，准备用集体罢课的方式要挟学校领导换班主任，学生家长也准备用给孩子集体转学的方式要挟学校领导给孩子换班主任。

校领导希望其他任课教师能接任班主任，但一连找了两位老师，都没搞定，于是，想到了刚刚获得"全国十佳班主任"称号的我。

当然，刚才我对大家说，如果半年前，我会真心诚意地建议校长先安排其他任课老师带着，到初三再把这个班交给我，那为什么现在不能这样说呢？

大家还记得我带两个学生一个班的那个学校吧？由于生源不

足,被撤并了。1995年,我又被调到了远离油田总部濮阳市约260里的中原油田第十五中学,也就是现在的濮阳市油田第十五中学,这所学校客居在开封市兰考县境内的乡村之间。非常幸运的是,学校当时的校长比较年轻,也就比我大一岁吧,现在好像还是比我大一岁(笑),这位年轻的校长培养年轻教师比较有经验——我和几位热爱教育的同事,曾经被他这样(向下压手动作)培养,不过,有的同事不理解、承受不住校长的培养力度,被培养两三年就转了行,还有的同事向上级申请调到了别的学校。我这个人小肚鸡肠、心胸狭窄,加之蜗居乡村、孤陋寡闻,目光、境界比较低,所以当时,我曾以小人之心度君子校长之腹,以为校长不是培养我,而是压制我。这下有戏了,起初的一两年,心里憋屈时,我常吟诵唐代张九龄的诗作来转移思想,如《感遇》:"兰叶春葳蕤,桂华秋皎洁。欣欣此生意,自尔为佳节。谁知林栖者,闻风坐相悦。草木有本心,何求美人折?"还曾歪改唐朝虞世南的诗作排遣愤懑,如改《蝉》为:"垂缕饮清露,流响出疏桐。居高声难远,只缘雾气浓。""居高声自远,何惧雾千重!"还曾创作诗词来缓解压抑,愉悦身心,激励自己加倍努力工作,并取得了令人瞩目的业绩和成果,如"岩松——立根峰巅石缝间,饱餐风霜宿炎寒。百岁成材堪作用,不逢大匠乐延年。人生苦短白驹过,当学岩松处自然。时来鞠躬甘尽瘁,运舛弄菊怡南山。""读刘禹锡抒怀——山不在高因仙名,水不在深有龙灵。小人压制刘禹锡,助就千古《陋室铭》。人生在世路漫漫,辩证思维一身轻。因祸得福寻常事,任尔东西南北风。"可我依然被校长继续用"蹲苗"的方式培养。于是,后来,我决定报复校长。噢——大家想知道怎样报复的,是吗?(掌声)

我是借鉴球王贝利的智慧——"报复对手的最好办法,就是往球门里面再踢进一个球"。

那几年里,我更加废寝忘食、绞尽脑汁地工作,我更加任劳任

逆　境
愤怒出诗词,
命舛就成长。
人生多逆境,
事业好辉煌。

小成就,凭小聪明;大成功,靠大人格。

登黄鹤楼
眼前有景道不得，
崔颢题诗在上头。
诗仙懒觅惊人句，
顺口言语传千秋。
鹦鹉芳草汉阳树，
骚人墨客黄鹤楼。
滚滚长江东逝水，
唯真名士竞风流。

春到内蒙古
春到塞外四月天，
风吹草浪涌云边。
马无羁绊任驰骋，
东南西北随意欢。

怨、忍辱负重地工作，多次获得河南省青年物理教师优质课一等奖，每年在国家级、省部级刊物发表教育教学论文十多篇，我把所接的乱班带成学校最好的班之一，学生的物理成绩更是出类拔萃……可是，我们校长"宰相肚里能撑船"，不怕报复。每逢教师评优，有的同事，多个先进称号加于一身，而我却连一个"学校先进教师"称号都没有。有同事找校长打抱不平，校长谦虚地说："当班主任，教专业课，你们是行家里手，培养青年教师嘛，我们几位领导好像站得高一点儿。再说，平时开大会小会没少表扬段老师，作为领导，我们需要调动全体教职员工的积极性，需要平衡各年级、各处室，对不对？"

在座的各位师长，后来，我才真正体会到我们校长确实是用这种办法（手往下压动作）来培养我。试想，如果没有校长当年这样（手往下压动作）精心培养我，我这样一个乡村小教师，怎么能成长得如此之快，仅仅十多年时间就获得今天的成就，所以，我请求大家允许我占用几秒时间，面向南方，诚恳地向远在家乡的、曾精心培养俺的那位校长说一声："校长，感谢您当年对我的培养（鞠躬动作）！"（掌声）

那位采用"蹲苗"方式培养我的校长调走后，我才有一个机会参加一个半官方半民间的全国优秀班主任评选，才荣获了一个"全国十佳班主任"的称号。

您说，现任校长让我接任班主任，即使我真心诚意地说，到初三再把班交给我，校长会相信我说的话吗？他会不会这么想，哎嗨，刚获得一个荣誉称号，你段惠民就不听指挥了；同事们还可能这样想，这个班太乱，段惠民不会接，他怕带不好坏名声；我自己也在想，难道不带学生的课，就做不好班主任吗？

于是稍犹豫一会儿，我对校长说："校长，我试试吧。"

谁知道接班没几天，就有学生和家长不断找我反映：

"老师,我夹在笔记本中的两元钱丢了。"

"老师,我的 MP3 不见了。"

"段老师,我前几天刚给孩子买的计算器,让人给拿走了。"

"老师,您可得查一查呀!"

"老师,您可一定得抓住小偷哇!"

……

每当有学生或者家长给我反映这种问题,我总是很自信地对他们说,请放心,我一定能够解决问题,我一定还大家一个公道,我会很快给大家一个交待。我之所以如此自信地"敷衍"大家,是因为我一直认为,**只有自信的老师(班主任),才能带出自信的学生。**

学生和家长一走,我的大脑便高速运转起来。我们班屡次发生失窃现象,如果是外班学生来我们班行窃,用不了三两次,怀疑的目光就会集中,但是家贼难防啊!我判断这个学生一定是我班的。

偷拿东西的学生是我们班的,倘若我不去查或者万一查不出结果,学生们会觉得我这个班主任不作为,或者说我没能力,还会助长个别学生的错误思想和不良行为。可如果考虑问题不太周全就开展工作,结果又查出了结果,那么,除了能给丢失钱、物的学生一个交待之外,还能得到什么呢?无非是给这位可能由于一时冲动、受好奇心驱使的学生,或者因其他客观因素而做出这种不良行为的学生,戴上一顶"小偷"的帽子,使他受到同学的讽刺、挖苦、冷落、甚至打骂。这样的结果和这顶小偷的帽子带给孩子的心理阴影,有可能影响这个学生的一生。如果真是这样,我这个班主任还配称人类灵魂的工程师吗?如果真是这样,岂不白白丧失了一个让这位学生自我反省、悔过自新的大好时机吗?

身为班主任,我当时的思想还是比较复杂、比较混乱的,心理压力还是比较大的。怎样才能给有这样的错误思想和行为的个别学生以人文关怀，促使当事人自我反省、悔过自新、痛改前非，重新找回一颗美好的心灵，同时又让全班学生接受教育呢？

正在百思不得其解之时，我猛然想到互联网，何不上网搜一搜，说不定可以从同仁们那里受到启发。

这一查惊出一身冷汗，网上大多采用"民主选举"的方式——班主任让学生选小偷，结果造成不良影响，甚至出现被冤枉的学生精神失常等严重后果。

我一定要慎重从事！

思考对策时，我想到了苏联教育家马卡连柯的平行教育影响——"以集体为教育对象，通过集体教育个人"。他的这种理念和方式，既不会让学生感到矛头对着自己，易于接受教育，同时，还能使全体学生"顺便"受到教育。我决定针对班级失窃现象，召开一个主题班会。

具体怎样开展班级活动，才能取得理想的教育效果呢？

我又想到了英国教育家洛克的教育方法："最容易、最简明、最有效的办法，是把人们应该做或应该避免的事情的榜样放在他们面前。""没有什么事情，能像榜样这么温和而又深刻地打进人们的心里。"

那么，因为偷窃而进看守所的同龄少年犯，可能是最能触动这个学生的心灵的"榜样"，而最有效的方法，可能就是让学生接触少年犯，倾听少年犯的犯罪历程，感受他们的悔恨之情了。

又冥思苦想一两天，我终于有了一个主意，可以让全班学生，尤其是那个孩子，不会因为我用少年犯来教育他们而受到伤害，从而避免引起不必要的尴尬和麻烦，也让全班学生在亲历情境、获得体验之后，生发感悟，潜移默化地革新灵魂，自然而然地接受教育。我是借鉴世界最伟大的教育家之一，大家所熟知的，苏联

班主任教育学生的最高境界，是让学生自己教育自己。当学生自己教育自己的时候，我们对学生的教育才真正发挥了作用，我们对学生的教育才是最有效的教育，才是真正的教育。

的苏霍姆林斯基的理念和智慧："教育者的教育意图越是隐蔽，就越能为教育的对象所接受，就越能转化成教育对象自己的内心要求"；"教师的聪明才智在于，让孩子们把教师的意图当作自己的意图提出来并加以实行"。

于是，经过精心设计、认真准备之后，我召开了"迎六一，庆佳节"的主题班会，在班会即将结束的时候，我看似无意，貌似突发奇想，实则早有"预谋"地将话锋一转："同学们，在我们喜迎六一儿童节的时候，有没有我们的同龄人，不能像我们一样迎接自己的节日、享受节日的快乐呢？"

"老师，少年犯。"

听孩子说出了我想得到的答案，我故作惊讶，貌似恍然大悟道："哎呀！还真有……"

于是，话题自然而然转移到了少年犯和少年犯罪问题。

"同学们，面对与我们同龄的失足少年，大家有什么想法？"

"活该！活该！活该……"

"谁让他偷东西来着！活该！"

……

同学们可找到一个发泄心中愤怒的时机，一个个义愤填膺。我也不加制止，就让学生骂。各位师长，您想啊，全体学生都在那里义愤填膺地骂，那个学生从内心来说想骂吗？他不想骂。但是，全班同学都骂，他也不得不骂，但一张口，他就会想到，我还骂呢，我在骂我自己吧！他不就受到了教育了嘛！其他同学骂的同时，也在受法制教育，他们会想到，偷别人的东西，是要挨骂的，是错误的，是违法的！谁骂谁受教育！

等大家都骂过了，骂了一两分钟，都受到法制教育了，我又提出问题："同学们，对于这些失足少年，我们除了唾弃、批评之外，还有什么想法没有？"

"还有点同情他们。"

"为什么？"

"人家不是年龄小嘛，不懂事嘛！"

"那么，我们应该怎样做呢？"

"我们应该帮助他们，使他们早日悔过自新！"

于是，全班同学商讨、决定，每人写一封信鼓励失足少年。正合我意！哪位学生写信，哪位学生就会受到深刻的法制教育，尤其是那位同学，他提起笔就会想，我还劝人家失足少年早日痛改前非、走出高墙，我自己不正在向高墙靠近吗？各位师长想想看，那位同学受到的教育会不强烈、不深刻吗？

为了让我设计的方案按照我的设想一步步实施，实现更好的效果，我以寄平信容易丢失、挂号信邮资比较贵等理由，引导学生放弃寄信，改由自己去送信。

顺势，孩子们又在我的引导下诞生了竞选小记者，前去慰问、采访失足少年的想法；并开动脑筋，提出了很多有针对性的、有意义的问题，设计了一份关于失足少年的调查问卷，让学生代表采访时应用。

下图是我们师生刚到看守所门口时，拍的一张照片，左上穿白色T恤者为我校的张平秋副校长，时任学校办公室主任。

一进门，我看到高墙内有一个服刑人员在打扫卫生，顿生一计。

"孩子，趁现在工作人员去带失足少年，你们去采访一下那位叔叔。"

顺着我手指的方向，两位小记者看了那个叔叔一眼说："老师，不是采访失足少年吗？我们没准备采访工作人员，不知道问他什么问题。"

孩子们哪知道我葫芦里卖的什么药！我接着说道："老师想让你们去问一下，那个叔叔在这里工作，

与学生在看守所门口合影

一个月工资多少?"

两个小记者信以为真,一溜小跑到叔叔跟前:"叔叔,问你个问题可以吗?"

"可以。"

"叔叔,你在这里工作,一个月多少钱?"

"孩子,哪有钱哪,我是服刑人员。"

"啊?!叔叔,不好意思。哎,叔叔,你怎么进来的?"

叔叔朝另外几个服刑人员一指:"我们几个人一起进来的。"

两个孩子非常惊讶,天真地追问:"叔叔,这是什么好地方,你们还一块儿往这儿来?"

"哪儿呀,孩子,我们几个是好朋友,好吃懒做,想吃肉,想喝酒,没有钱,我们就去偷,就这样,都进来了。"

而后,这个叔叔语言清晰,而且非常条理地给两个孩子讲述了自己的悔恨之情,"在这里干了几个月了,别说给钱了,吃饭还得家里寄钱。即使改造好,出去了,哪有脸面对亲戚、朋友和邻居?败坏了家风,影响自己的儿子、孙子谈对象……我们都认识到了自己的犯罪行为,都在积极改造,争取早日出去……出去以后,一定教育自己的儿子、孙子不干不劳而获的事,不干违法乱纪的事……"

回到学校,两位小记者向同学们介绍了看守所内的所见所闻,转述了那位服刑人员以及失足少年对他人、社会以及对亲人造成伤害的悔恨之情,还传看了多名失足少年的答卷,让全班同学了解了失足少年走上犯罪之途的心路历程。当晚学生的日记中,好几位学生都表示,自己长大后做了爸爸妈妈,做了爷爷奶奶,一定要教育自己的儿子,教育自己的孙子,坚决不干不劳而获的

采访失足少年

事情，不干违法乱纪的事情。

内蒙古自治区呼伦贝尔市的沈贵春副校长和他的同事，听了我的报告后感慨道："段老师处理一个学生的偷窃行为，不仅教育了这个学生，也教育了这个班的所有学生，教育了这个班所有学生的几代人！"

一系列精心策划的活动之后，我想，那位一时糊涂的学生应该有所悔悟或表示了。可是，接连两三周都没有任何动静。我心里纳闷：我开的这服"药"，虽然比较平和，也应该是对"症"的，怎么不见效果？

正当我着急的时候，一天，我接到了一个电话："段老师，我是某某学生的父亲，您接任班主任差不多一个月了，我和我爱人打算今晚到您家里，了解孩子在校的表现，您有空吗？"

"有……不不不，没有，我今晚在学校加班。您就到学校找我吧。"

我之所以急速改口，谎称自己在学校，是因为我知道家长来我家干什么。

各位师长，您说，我刚接任人家孩子的班主任，人家要来我家，什么意思？

"送礼。"

你看，同志们都有这方面的经验嘛！（笑）

各位师长，我真心诚意给大家提个建议，请大家记住："最好不要收学生家长的礼！"

我个人的体验是，收家长的礼至少有两个弊病。来而不往，非礼也——自找麻烦，此其一。一旦学生听说，老师收了他父母的礼物，那么老师在学生心目中的形象就会受影响，之后老师再对这个学生做思想工作，甚至对其他学生做工作，效果就会打折扣，甚至起反作用，此其二。

所以，我再次郑重地建议大家："最好不收学生家长的礼！"当然，我可没说，绝对不收家长的礼，因为该收的时候还得收，是吧？（笑）

有点跑题了，马上回来。

电话那边，学生家长诚恳地说："段老师，您要有班的话，我们就晚点到您家去，反正，一定要到您家里去拜访您！"

我还没来得及推辞，电话挂断了。

晚上，孩子的父母来了，一进门，他们就千恩万谢："段老师，谢谢您救了我们孩子！"

原来，那个孩子早就醒悟了。他三番五次鼓足勇气来向我坦白，走到办公室门口，又不好意思地回去了，再来，又回去，最后还是没能推开我办公室的门，内心非常痛苦。他想让自己的好伙伴转告我，又担心一传十、十传百，给自己造成不好的影响；想请父母出面，又担心父母会打骂……

于是，这个聪明的孩子呀，想出了一个办法：每天回到家既帮父母做家务，还主动和父母沟通自己的思想状况、学习情况，给爸爸妈妈讲老师和学生的故事，以及我们班级发生的各种变化……他在父母面前好像换了一个人，哎呀呀，把他父母"忽悠"得，嘴都合不上了。"段老师真不愧是全国十佳班主任，你看，人家段老师接任班主任也就一个来月，咱那臭小子就换了一副德性。"

两口子沉浸在孩子跟着段老师，一天一天健康成长的美好畅想之中。这一天，孩子回家看似不经意地跟刚下班的父亲说，班上有一个小男孩，因为什么什么，偷了同学的钱，之后就偷偷偷，收不住手了，前任班主任如何管教，后任班主任又如何处理，段老师来了又怎么开展工作，"他醒悟了，他想自己去给段老师承认错误，但没有勇气；想告诉爸爸妈妈，让爸爸妈妈代替他向老师说明情况，又担心自己的爸爸妈妈训斥和打骂自己……爸爸，俺教育的终极目的，是学生心灵自然健康地成长，最佳途径是榜样示范、潜移默化下的自然觉醒和思想行为的自然修正。榜样是最自然的、最简易的教育。效仿是最有效的、最好的学习。

俩是最要好、最铁的哥们儿，他让我来问问你，假如你是他爸爸，他认识到了错误，决心改了，你还会揍他不？"孩子爸爸还没明白怎么回事，还没来得及张口表达自己的意见，孩子又补充一句，"或者说，爸爸，这事要是我做的，我认识到错误，我改了，你还会打我不？"

这个孩子的爸爸听了两遍，听清楚、听明白了，说："只要孩子认识到了错误，彻底改了，做父母的，谁还舍得打自己的孩子？"爸爸这句话刚出口，扑通，孩子就跪下了。他爸爸愣了一下，紧接着，"啪啪啪"，孩子脸上挨了重重的几巴掌。同志们不要笑，我们说人家的孩子怎样犯错误，怎样改正，非常坦然，可往往一到自家孩子身上，就压不住火了，您说是不是？您不要看我们在座的各位师长，那么优秀那么热爱教育，辅导起自己的学生那么有耐心，一遍不会，两遍耐心，十遍不会，十一遍耐心，倘若换作辅导自己的子女，试试？两遍不会，你不打孩子才怪来，对不对呀，同志们？

今天，请各位朋友一定记住段惠民一句话：**作为教师，我们要热爱自己的学生，对自己的学生有耐心，更要热爱我们老师自己的孩子，对我们自己的孩子有耐心！**（掌声）我们把自家的孩子教育好了，教育其他的孩子才更有底气，更有说服力。再说，我们老师家的孩子和其他孩子一样，也是孩子，也是我们国家的孩子！国家的未来！（掌声）

这个学生的妈妈正在厨房做饭，激情地演奏着锅碗瓢勺交响乐，忽然听到异样的声音，感觉情况不对，奔出厨房，一下抱住正在打孩子的丈夫。弄清事情原委后，全家人抱头痛哭，从内心特别感激我。最后，两口子鼓励孩子说，相信他一定会痛改前非，一定有勇气自己去向段老师承认错误。

第二天，孩子在爸妈的鼓励下来到了我的办公室。

"老师，某某的钱、谁谁的 MP3……都……都是我拿的。"此时的他，显得那么局促与羞愧，话没说完，嘴巴已快触到前胸……

"你真是一个知错就改的好孩子！段老师非常高兴看到你能够自己觉悟，也很佩服你这么有勇气，还非常高兴你如此信任段老师。孩子，段老师相信，你一定是在一时冲动或一时好奇，没考虑后果的情况下，才做出了这样的荒唐事。"

"是的，老师。几个月前，我和一位同学在班里嬉戏，不小心将某某的文具盒碰掉到地上，摔瘪了一点，他让我赔了一个好贵的，我非常气愤，就……老师，请你相信，我今后再也不会做这样的傻事了！"

"段老师，你可一定要替我保密呀！"临走时，孩子没有忘记再恳请、叮咛我一句。

"孩子，放心吧！就让我们今天的谈话，成为我们师生心中——永远的秘密。"（掌声）

谢谢各位师长热烈持久的掌声！（持久的掌声再次响起）

教育，从心开始。得心灵的教师得教育。

结束语

> 教育是由理念决定的。教育的奇迹和伟大在于教师的理念和思想。

> 没有人在读书，只有人在读书的时候联想自己。
> ——罗曼·罗兰
> 没有人在听段惠民老师讲课，只有人在听段惠民的故事的时候，联想到自己昨天的故事、明天的成长！
> ——段惠民

很多听过我报告的同仁说，段老师，你处理学生问题太有智慧了。各位师长，我哪有什么智慧，我只是善于感悟生活中的教育智慧，善于借鉴他人的教育智慧而已。请您回忆一下，我所设计的"明讲故事，暗送榜样"，带学生旅游，采访失足青少年等活动，以及做学生及其父母的思想工作等，不都是受苏霍姆林斯基的"隐藏教育意图"——"教师的聪明才智在于，让孩子们把教师的意图当作他们自己的意图提出来并加以实行"，以及英国的思想家洛克的"最容易、最简明、最有效的方法，就是将人们应该做或者应该避免的事情的榜样放在他们面前"等教育理念的启发，结合实际情况的具体实施和应用吗？

再次提到这个话题，请允许我最后给各位朋友赘述一下我的另一个小感悟。处理学生偷窃这件事过后，我一方面感觉苏霍姆林斯基、洛克等大师很智慧和高明，另一方面又感觉他们也不比其他人智慧高明太多，因为在后来的学习过程中，我发现，他们的很多观点其实早在很多年前就有中国学者提出。如洛克的"榜样"观点，早在两千五百多年前，孔子就曾提及"示之以好恶，而民知禁"，千古名师纵横家鬼谷子王诩在《捭阖第一》中也曾说"言善以始其事……言恶以终其谋"，他们的语言比洛克更言简意赅，更为精辟。

而且，三国时代的张飞同志，曾将这一方法应用得恰如其分，应用得娴熟得体。想当年刘备新收了马超，待马超很优厚，以致马超在刘备面前刘备哥玄德弟的没大没小起来,对此,连比较能沉得住气的关羽都暴跳如雷,要砍马超的头。刘备无可奈何之时,接受张飞的建议对马超"示之以礼",轻松搞定了马超,从而使君臣有礼、上下有序。

请各位师长再回忆一下,我对学生进行孝敬父母教育,对学生进行热爱生活、珍爱生命的教育,还不是借鉴、领悟我们的伟大导师毛泽东他老人家之"不打无准备之仗"等理念,才手拿《德育报》及《爱的教育》那本书,在学生面前晃来晃去,让学生将我的意图当作他们自己的意图提出来,并付诸行动——在我的引导下,进行记忆力比赛,背诵《孝敬父母十条》,"自发"开展阅读、演讲《爱的教育》,从而使学生自己教育了自己,才实现了育人的最终目的!

再如我为了教育学生珍爱生命,带领学生去春游、旅游,告诉大家,我是"接受"的毛泽东他老人家"人者,动物也,则尚动矣""动也者,盖养乎吾生,乐乎吾心而已"的"教导"。

尊敬的各位师长,今天的会议结束后,如果您稍微回顾一下、思考一下,一定会很快发现,甚至早就发现了,我做班主任工作,不过就是善于感悟生活中的教育智慧,感悟他人的教育智慧,而后内化、酵酿、凝炼出了我的核心教育理念——**"教就是教做人,育就是育心灵"**,以及**"创设情境、获得体验、生发感悟、革新灵魂"**的工作途径和方法,并践而行之而已。

尊敬的各位师长,限于时间,我只向大家汇报了做智慧班主任的两点粗浅体会——感悟生活中的教育智慧,感悟他人的教育智慧。当然,要做一名智慧班主任,仅仅做足、做好这两方面的文章,还是远远不够的,除此之外,还需要做哪些方面的努力呢?以后有机会,我再向各位师长汇报我的"做智慧班主任"

> 超因见备待之厚,与备言,常呼备字,关羽怒,请杀之。备曰:"人穷来归我。卿等怒,以呼我字故而杀之,保以示天下也!"张飞曰:"如是,当示之以礼。"明日大会,请超入。羽、飞并杖刀立直,超顾坐席。不见羽、飞,见其直也。乃大惊。遂一不复呼备字。
> ——裴松之《三国志》

> 把别人的经验变成自己的,本事就大了。
> ——毛泽东

作为一名普通教师，我们努力追求、奋勇拼搏一辈子，也注定成不了陶行知、魏书生，但是，我们仍可以像他们那样去追求，并在追求的过程中，成就自己独一无二、有滋有味的教育人生。

这个话题的另外几点体会。再次真诚地感谢各位师长那么认真地聆听我这个乡村小教师的报告！（掌声）

再次感谢各位师长热烈而持久的掌声！谢谢！（热烈而持久的掌声）

后记：成功路上无捷径

寒假，本是老师们辛苦一学期之后的休整、放松的时间。春节，更是迎新年、访亲朋、赏春晚、话团圆、放鞭炮、耍龙灯，欢乐祥和、笑语荡漾、热闹非凡的好日子。

但，热闹是别人的！

自从一年前，《中国教师报》编辑部的褚清源主任建议我将班主任工作报告的内容整理出来，一有空闲，我就一头扎进书房，一句一句地听录音，一幕一幕地忆想，一节一节地输入，一段一段地补充，一字一词地推敲，一遍一遍地校对……时而枯燥反复，清淡似水，情乱心烦，时而会意颔首，低眉浅笑，乐此不疲。

这不，出版社领导来电话，吩咐我趁假期再整理一下，羊年节后出版。编筐编篓，重在收口，我哪敢掉以轻心。于是乎，整个寒假，我两耳不闻窗外事，一心迷恋（炼）拙书稿！

对国人来说，过大年是最隆重的传统节日，白天自不必说，夜深了人也不静、音也不低，也好，我索性和着人们走亲访友的欢声笑语和噼里啪啦的爆竹鸣响，放手指在键盘上跳跃，任心灵随教育故事舞蹈，再一次回味、省视、享受师生交往的美好生活片段和瞬间。一日日，一夜夜，伏案电脑前，我凝神静气、心无旁骛，极少走出书房。年且九十，眼不花、耳不聋、头脑清晰的老母亲心疼我，一天数遍地念叨："孩呀，歇歇吧，大年下的，人家都串串门，聊聊天，看看电视，打打牌，哪像你，一天到晚地忙。民哪,你这样三更半夜地忙,啥时能忙完?忙到什么时候算个够?"喜欢说笑的爱妻每给我添茶送水也嗔怪我:"年货齐不齐,三十再赶一个集。我看,什么时候书稿交给人家,你什么时候才能消停,我是指望不上你帮我的忙了。命苦哇!"

今天是正月初十,我又从凌晨三点忙到七点多,总算校完了最后一篇文章的最后一个自然段的最后一句话的最后一个字符。

当键盘上敲打出最后一个灵感,我觉得自己就像一只破茧的蛹,与屏幕上跃出的文字一起获得了新生。想到自己的第四个"孩子"——拙作《做智慧班主任》就要与读者见面,我非常快乐,非常欣慰,倍感自豪,倍感骄傲,然而,我更想实事求是地向各位年轻的同仁表白、诉说,连续几个周,我的手是木的,我的眼是酸的,我的背是沉的,我的腰是痛的,我的颈椎是僵的!一言以蔽之,我是快乐并痛苦着,痛苦更快乐着!换句话说,想做成一件事情,是需要耐得住寂寞,并且付出巨大劳动和心血的!毕竟,成功路上无捷径!当然,一旦坚持下来,之前流的汗、受的累、忍的痛、吃的亏、压的抑、扛的罪,也总有一天会让你笑着收获,收获幸福的体验和果实,收获人生的幸福和快乐!

需要说明的是,本书是我班主任工作报告的演讲录,限于录音和篇幅等因素,只选取了全部报告的两个主题,但您阅读的时候,一定能深刻地感受到我是本着抛砖引玉之想法,使出浑身解数来阐述我的工作理念和方法,以及成长的心路历程和诀窍的。只是,限于本人的能力和水平,我未必能将自己的本意诠释正确、全面,且易于理解,尽如人意。这就需要亲爱的读者发挥聪明才智,展开丰富想象了!当然,这也未必是坏事,也许更能促使手捧拙作的您去思考、去感悟,抑或更能激发、成就您的教育激情和智慧！您说是也不是？不然，一千个读者怎么可能有一千个哈姆雷特！

还需要说明的是，拙作得以成书，首先应该感谢我的贵人——《中国教师报》编辑部褚清源主任，没有褚主任的建议、鼓励和敦促，拙作就没有与读者见面的可能。

还要感谢我的贵人，敬仰已久、仍未谋面的山东教育社总编辑、编审，《中国教育报》记者陶继新教授，百忙之中答应为拙作赐序！并感谢我的好友，全国著名班主任、北京师范大学青岛附属学校郑立平老师，由他牵线搭桥，我才得以结交陶公。

还要感谢我的贵人，全国著名班主任工作专家、湖北第二师范学院教师素质训练中心主任田恒平教授、博士，江苏省教育科学研究所所长、江苏省教育管理研究会副理事长成尚荣教授，不辞辛苦为拙作赐序！

还要感谢我的好友，全国著名班主任、女生问题专家，郑州科技工业学校的李迪老师，她在自己两本书即将出版，正在为多家报刊邀约的稿件忙得不可开交的情况下，答应为拙作作序！

还要感谢，不，是最最应该感谢敝家总理（总理一切家庭事务）兼本人秘书——我的爱妻刘凤琴，数十年如一日，克勤克俭地支持、鼓励，无怨无悔地默默奉献，正因为手执这擎坚实的后盾，我才能义无反顾地不畏任何艰难、困苦、强权和挫折，意志坚定、心无旁骛地向着自己的教育梦想和人生追求奋勇前进，百折不挠，永不退缩！

最后，还要感谢山东文艺出版社的杨智主任和马明秀编辑等同仁们为拙作付出的辛勤劳动和汗水！

段惠民
2015 年 2 月 28 日